觉醒吧！理科思维

[日] 辻义夫/著　彭　佳/译

頭がよくなる謎解き
理科ドリル

浙江人民出版社

图书在版编目（CIP）数据

觉醒吧！理科思维 /（日）辻义夫著；彭佳译. —
杭州：浙江人民出版社，2022.9
ISBN 978-7-213-10558-6

Ⅰ. ①觉… Ⅱ. ①辻… ②彭… Ⅲ. ①自然科学—普
及读物 Ⅳ. ①N49

中国版本图书馆CIP数据核字（2022）第052127号

浙江省版权局
著作权合同登记章
图字：11-2020-405号

觉醒吧！理科思维

JUEXING BA LIKE SIWEI

[日]辻义夫 著　　彭 佳 译

出版发行：浙江人民出版社（杭州市体育场路 347 号　邮编：310006）
　　　　　市场部电话：（0571）85061682　85176516
责任编辑：王　燕
营销编辑：陈雯怡　赵　娜　陈芊如
责任校对：何培玉
责任印务：刘彭年
封面设计：红杉林文化
制　　版：济南唐尧文化传播有限公司
印　　刷：杭州丰源印刷有限公司
开　　本：710 毫米 ×1000 毫米　1/16　　印　　张：14
字　　数：180 千字　　插　　页：1
版　　次：2022 年 9 月第 1 版　　印　　次：2022 年 9 月第 1 次印刷
书　　号：ISBN 978-7-213-10558-6
定　　价：58.00 元

本书的使用方法

第一部分的“知识问题篇”中，既有非常简单的题目，也有难度较高的题目，主要是为了让大家了解知识点，也是为挑战第二部分的“思考问题篇”做准备。

答案页面有详细且易懂的解析，同时还附有扩展知识面的“提示”，帮助大家举一反三。

第二部分的“思考问题篇”，是基于第一部分知识点的更进一步的思考性问题。请大家务必有效利用“提示”和“解题技巧”，充分思考，逐一解答。题目页面右侧的试管标识代表的是难易度的等级。

请大家灵活使用本书吧！

目 录 Contents

第一部分 知识问题篇

第二部分 思考问题篇

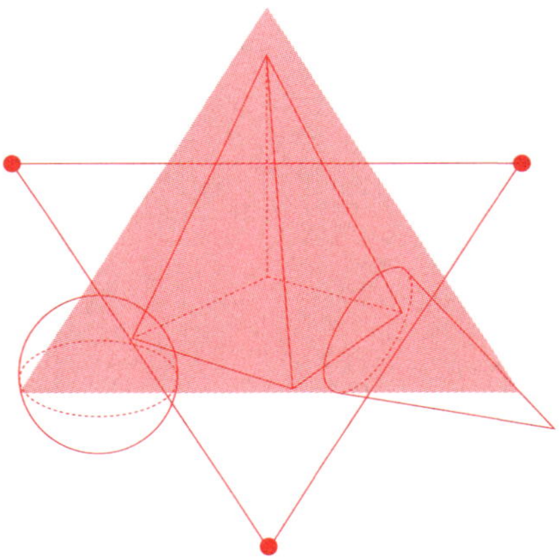

第一部分 知识问题篇

植 物

1 以下植物中，叶脉沿叶片生长的是哪一组？

A. 牵牛花、向日葵、紫阳花、樱花、豌豆

B. 水稻、小麦、百合、菖蒲、鸭跖草

回答：

2 植物的光合作用指的是植物利用光能将水和二氧化碳转化为碳水化合物和什么？

回答：

3 植物发芽必备的 3 个条件是水、适宜的温度和什么？

（提示：对我们人类来说也是必不可少的。）

回答：

答案与解析 1▸3

1 B

单子叶植物的叶脉是沿叶片生长的，双子叶植物的叶脉呈网状。大家想想我们身边的植物中哪一种叶脉更多呢？

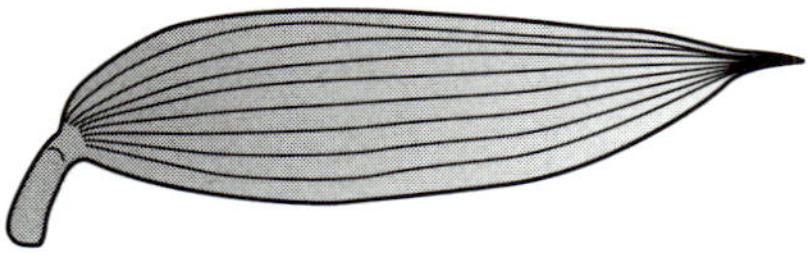

2 氧气

如果地球上没有植物（包括水生植物），人类将无法呼吸，也无法生存。

3 空气

植物也要呼吸。

4 植物生长的 5 个条件，除了问题 3 中提到的 3 个之外，还有肥料和什么？

（提示：它可以为植物提供营养成分。）

回答：

5 如果从两端拉丝瓜的卷须，卷须会怎样？

A. 会更扭曲

B. 会变直

回答：

答案与解析 4 ▸ 5

4 阳光（光）

光合作用的原理：

$$水 + 二氧化碳 \xrightarrow{阳光} 碳水化合物 + 氧气$$

动物的呼吸与此过程正相反，会消耗碳水化合物和氧气，产生水和二氧化碳。

5 B

丝瓜的卷须原本不是卷曲的，只有当须头触碰到某物后才会发生卷曲，所以卷曲的方向并不一致，会如下图般发生改变。当我们从两端拉拽卷须时，卷须又会恢复原本的笔直状态。

动　物

6 青鳉（jiāng）的鳍有 5 种，一共是多少片呢？
（提示：想想成对的鳍有几种？）

回答：

7 问题 6 中的青鳉是雄鱼还是雌鱼？

回答：

6 **7片**

胸鳍和腹鳍各有 2 片。

7 **雄鱼**

雄鱼和雌鱼的区别：

	背鳍	臀鳍
雄鱼	有开口	平行四边形
雌鱼	无开口	三角形

8 独角仙属于昆虫类，身体分为头、胸、腹三部分。下面哪一幅图标注的胸部是正确的？

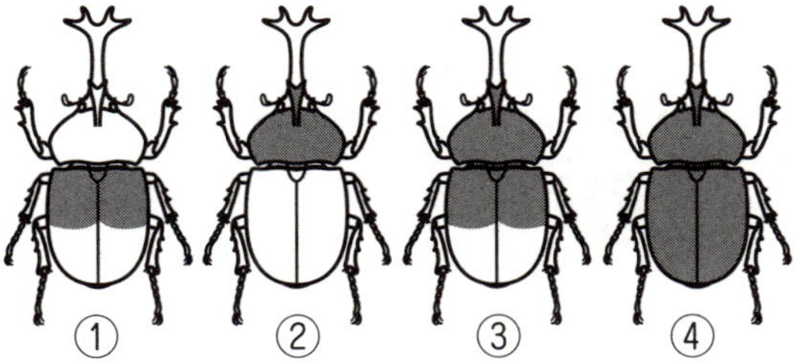

回答：

9 昆虫的血液（体液）并非像人类一样呈红色，对吗？

回答：

10 蝗虫、蟋蟀、杜父鱼和天幕毛虫蛾都有着相同的过冬方式。请问这个方式是什么？

回答：

答案与解析 8▶10

8 ③

观察一下独角仙身体朝下的一面就清楚了。

另外，想想昆虫的六条腿都是长在胸部位置的，因此可判断答案是③。

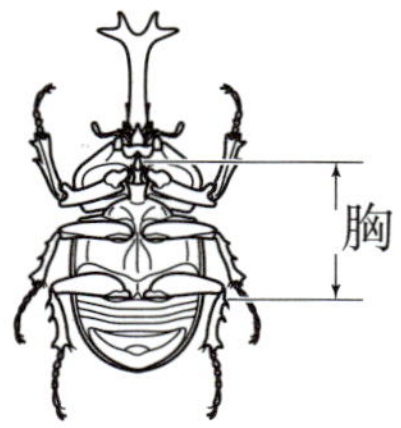

9 对

人和所有脊椎动物都是通过血液中的红细胞来输送氧气的。红细胞中含有血红蛋白，故而血液呈红色。而昆虫是依靠能伸缩的“气管”来输送氧气的，并非通过血液（体液），因此，昆虫的血液（体液）不呈红色。

10 过冬卵

到了冬天，几乎所有昆虫的成虫都会死去，以卵和幼虫的形式越冬。天幕毛虫蛾就是其中之一。

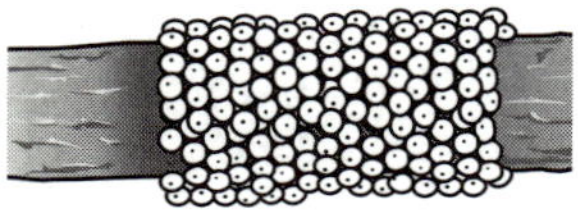

（天幕毛虫蛾的卵）

11 以下 A、B、C 中哪个部位是马的脚跟？

回答：

12 菜粉蝶的幼虫被称为青虫。以下 A、B、C、D 中哪一个是青虫的足的正确排列图？

（提示：青虫也是昆虫，所有的足都长在胸部。）

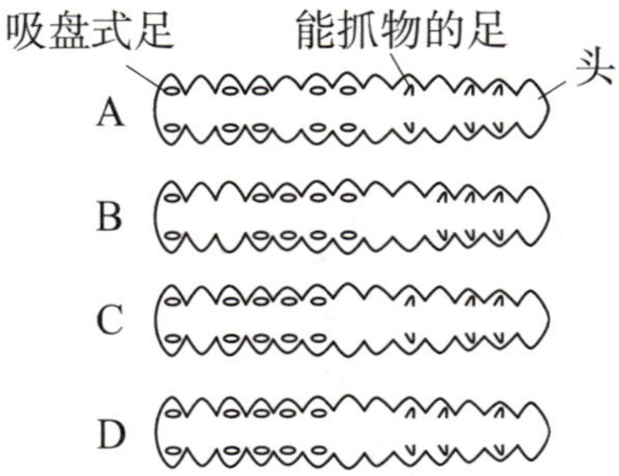

回答：

11 A

B是跖（zhí）趾关节，C是脚趾尖。

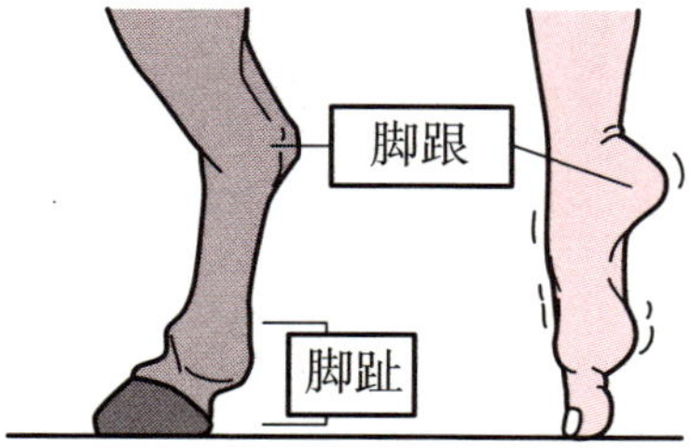

12 B

青虫也是昆虫，身体分为头部、胸部和腹部。头部之后是三节胸部（前胸、中胸、后胸），所有的足都成对长在这一部分，其他昆虫也是一样。

只需要记住“头部后面是3 2 4 2 1”即可。

昆虫的特征是，身体分为头部、胸部和腹部，胸部分三节，再加六条足。

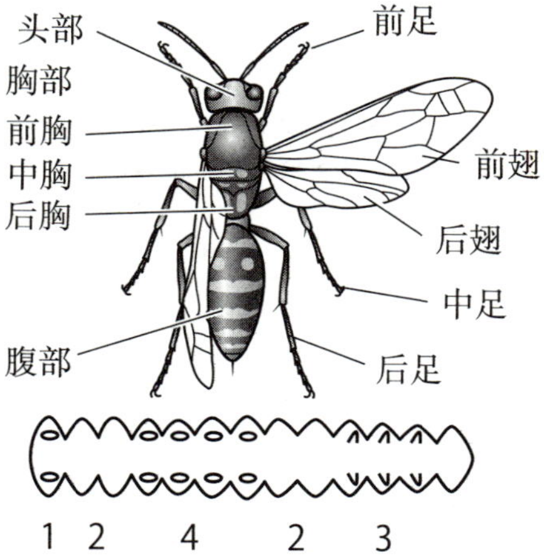

13 以下哪一个是食肉动物的头骨？

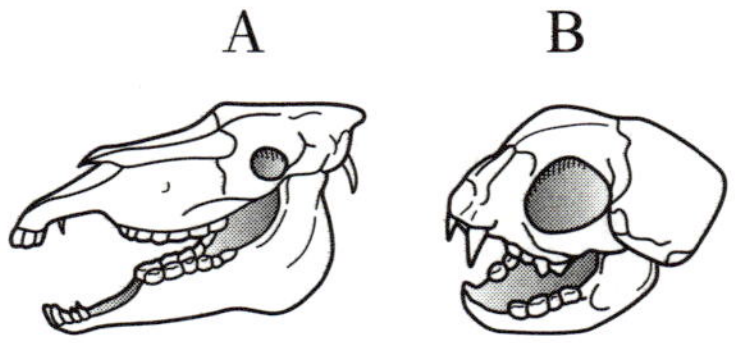

回答：

答案与解析 ⑬

⑬ B

食肉动物犬齿发达（便于撕咬肉类），眼睛长在面部前方（便于发现猎物和感知距离），由此可知，B 是食肉动物的头骨。

人 体

14 三大营养物质中，除了碳水化合物和蛋白质之外，还有一样是什么？

（提示：不可过多摄取！）

回答：

15 胃液中的消化酶能分解食物中的蛋白质，这种消化酶的学名是什么？

回答：

16 淀粉在体内被分解成葡萄糖，葡萄糖进一步沉积在肝脏后叫什么名字？

回答：

答案与解析 14 ▸ 16

14 脂肪

脂肪是人体能量来源之一。摄入的多余脂肪会变成皮下脂肪和内脏脂肪堆积在身体里。

15 胃蛋白酶

消化酶是参与消化的酶的总称。胃液中能分解食物中的蛋白质的是胃蛋白酶。唾液里也含有消化酶，名为唾液淀粉酶，能将淀粉分解成麦芽糖。所以，米饭在嘴里会越嚼越甜。

16 糖原

糖原的英文是“Glyko”，据说日本著名的点心厂家“格力高”就是根据“糖原”的概念音译取名的。

17 人的眼球里的黑色部分叫什么？

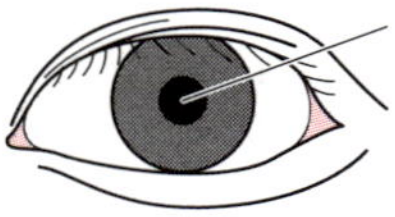

回答：

18 人呼气时吐出的三种气体中，按含量从多到少排列应该是（　　）。

A. 二氧化碳、氧气、氮气

B. 氧气、二氧化碳、氮气

C. 氮气、氧气、二氧化碳

D. 氮气、二氧化碳、氧气

（提示：虽然呼出的气体相比吸入的气体，有更多的二氧化碳……）

回答：

19 人的血液中，负责输送氧气的是什么？

回答：

17 瞳孔

瞳孔是眼睛中心的小圆孔，是光线进入眼睛的通道。

18 C

空气中的成分主要是氮气和氧气。二氧化碳的含量极少。（见下表）

吸入气体的主要成分：

氮气	氧气	二氧化碳
78%	21%	0.04%

呼出气体的主要成分：

氮气	氧气	二氧化碳
78%	17%	4%

19 红细胞

红细胞的主要成分是含 Fe^{2+} 的血红蛋白，氧分压高时，血红蛋白与氧结合形成氧合血红蛋白，氧分压低时又与氧解离，从而实现输送氧的功能。

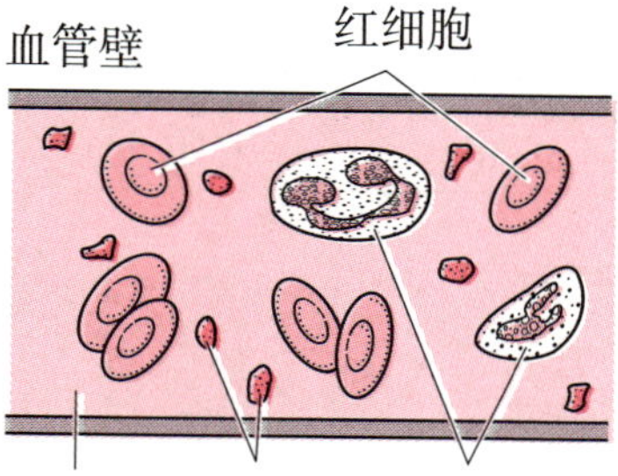

20 人与其他动物相比，骨骼上有以下区别。这些区别与人会做某一动作息息相关。那么是什么动作呢？

（1）头骨大　　（2）骨盆大　　（3）脚后跟的跟骨大

回答：

21 人的肺上有许多的肺泡（直径 0.1～0.2 mm），氧气和二氧化碳就是通过这些肺泡进行交换的。请问，左右肺中共有多少个肺泡？

A. 700～800 个　　B. 700 万～800 万个　　C. 7 亿～8 亿个

回答：

22 以下说法正确的是哪个？

A. 人体中能感受到倾斜的器官在眼睛里

B. 眼睛或耳朵获取的外界信息会通过神经传递到大脑

C. 视网膜上没有盲点

回答：

答案与解析 20▸22

20 直立行走

人的脊柱是纵向的，相比四足动物，更能支撑起大大的头颅。

21 C

如果把人体左右肺的肺泡全部展开，据说有大约 100 m^2。在如此大的面积里，氧气和二氧化碳进行着充分而高效的交换。

22 B

A 选项，人体中能感受到倾斜的器官是耳朵里的半规管。

C 选项，视网膜上有无法感知光的盲点。

生物综合

23 生物链中，植物被称为“生产者”。如果没有植物，许多生物都将无法生存。理由就是下面这句话，请将其补充完整。

因为植物会通过（ ① ）产生（ ② ）和（ ③ ）。

回答：

24 细菌是食物链中不可缺少的要素。下面这句话说明了理由，请将其补充完整。

因为细菌可以（ ）动植物的尸骸和粪便。

回答：

25 像燕子这样春季飞回北方、秋季飞往南方的鸟，属于候鸟中的什么鸟？

回答：

答案与解析 23▶25

23 ①光合作用　②氧气　③有机物（营养成分）

植物制造基本营养成分，然后被食草动物吃掉，食肉动物再吃掉食草动物……如此这般，形成食物链。

例：

禾本科植物→老鼠→蛇→老鹰

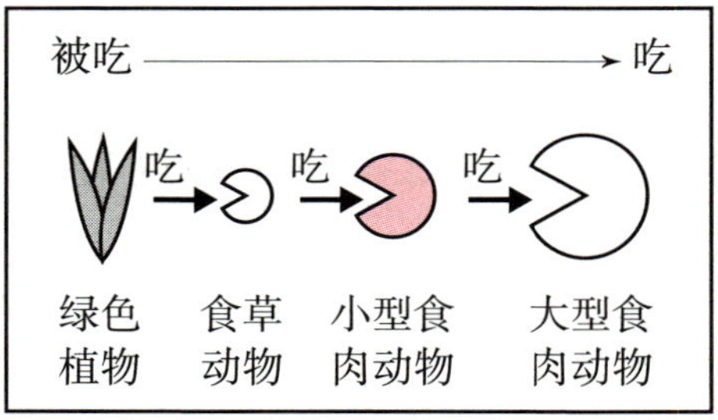

24 分解

被细菌分解掉的动物的粪便和动植物的尸骸可以变成肥料。

25 夏候鸟

像大雁和天鹅这样到了冬天会从更寒冷的北方飞来的候鸟被称为“冬候鸟”。夏候鸟与冬候鸟都是相对某个地区而言的。

26 花粉症的过敏原之一是松树的花粉。下面哪一幅图是松树的花粉呢？

A. 　B. 　C. 　D. 

（提示：风将花粉吹起四散，令花粉症的患者们饱受折磨。）

回答：

27 以下哪一道风景是在夏天能看到的？

A. 山茶花开　B. 阳光照进灌木丛

C. 燕子开始筑巢　D. 蜻蜓翩翩起舞

回答：

28 以下哪一道风景是在冬天能看到的？

A. 野鸭成群结队在河里游泳　B. 凤仙花开

C. 芒草的花穗乘风飘飞　D. 稻花绽放

回答：

答案与解析 26▶28

26 B

松树的花粉是B，特征是左右各有一个空气袋。A是杉树的花粉，C是丝瓜的，D是牵牛花的。杉树的花粉跟松树一样也会随风飞舞，是导致花粉症的物质之一。丝瓜和牵牛花依靠昆虫传粉，花粉表面是黏黏的，或有细密的隆起/细毛，有利于黏附在昆虫身体上。

27 D

山茶花开意味着冬天到了。灌木林生长在落叶阔叶树林里，所以，当森林里照进太阳，说明树叶都掉光了，是由秋入冬的时节。另外，燕子筑巢是在春季。

28 A

野鸭属于冬候鸟；凤仙花和稻花开花的时节是夏季；芒草的花穗乘风飘飞的时节是秋季。

29 下面这种动物非常罕见。卵生，有鸭嘴，具有鸟类属性；同时，身体被毛，母乳养育后代，具有哺乳类动物属性。这种动物叫什么？

回答：

30 蝾螈和壁虎，哪一个是两栖动物？哪一个是爬行动物？

（提示：可以通过以下方法记住它们的不同——蝾螈[①]= 看井的；壁虎[②]= 看家的。）

回答：

31 红叶的叶片有些像鸭掌，所以在日语中也有将红叶说成“鸭掌”的。下图这种植物也是根据叶片的形状命名的，这种植物叫什么名字？

回答：

① 蝾螈日文写作“井守”。——译者注
② 壁虎日文写作“家守”。——译者注

答案与解析 29 ▶ 31

29 鸭嘴兽

因为有鸭嘴，所以名为鸭嘴兽。它是只有澳大利亚才有的珍禽怪兽。看上去很可爱，但是雄性鸭嘴兽的后爪带毒。

30 蝾螈是两栖动物，壁虎是爬行动物

蝾螈生活在水边。壁虎在家里时常看见，是陆生生物。

蝾螈和青蛙同是两栖动物，幼时生活在水中，成年后可以在陆上生活。壁虎跟蛇、蜥蜴一样，同属爬行动物。

31 八角金盘

叶片呈八裂大型掌状，因此而得名。它是生长在森林中的常绿灌木。

主题五

天 文

32 太阳当空的时候是正午 12 点，可是为什么每天的最高气温是下午 2 点左右呢?

回答:

33 从地球上能看到月球的背面吗?

回答:

34 日落时分，到达子午线的月球是下图中的哪一个?

回答:

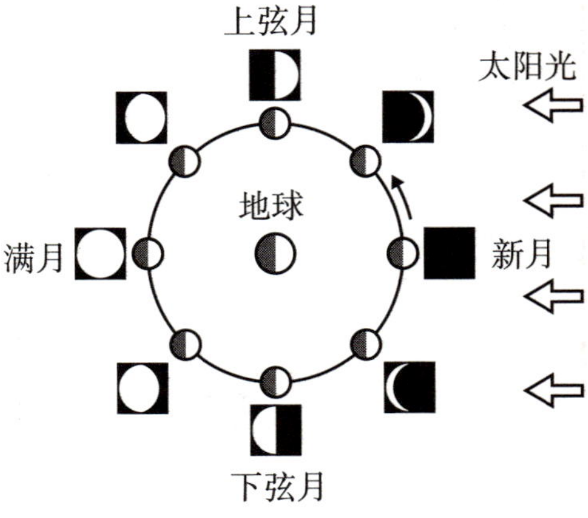

32

因为太阳光的热量首先存集在地面，然后再反射到空气中使空气变暖。这中间有两小时的时间差呢。一年之中，太阳高度最高、白昼时间最长的日子是夏至（6月下旬），但是最热的却是8月，也是同样的道理。

33 不能

月球总是以同一个面绕着地球转，所以我们永远只能看到月球的一个面。世界各地对月球上的阴影有不同的说法，例如：

中国：吴刚砍树；

北欧：看书的老奶奶；

南欧：大钳子的螃蟹；

东欧：女性的侧颜；

阿拉伯：狮子。

34 上弦月

图片中太阳在右边，所以照亮的应该是月球的右侧。

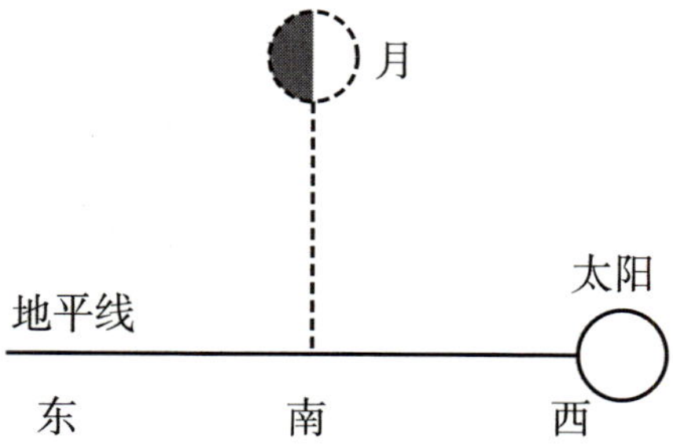

35 下面这幅图是我们看到的春分、夏至、秋分、冬至时太阳在天空上的运行轨迹。可是为什么 4 天却只有 3 条曲线呢?

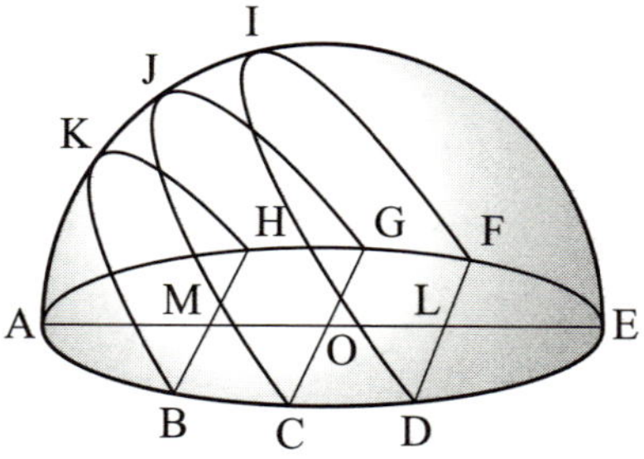

回答:

36 第 35 题的图中的正西方向是哪里?
（提示：太阳升到最高时我们称之为上中天。）

回答:

答案与解析 35▶36

35 因为春分日和秋分日时太阳的轨迹是一样的

都是从正东方升起，正西方落下。

36 G

因为 A 是南方，所以 E 就是北方，C 是东方，G 是西方。

37 冬季星座猎户座的三颗星位于神话中的猎人俄里翁身体的哪个部位?

A. 头　　B. 胸　　C. 腰

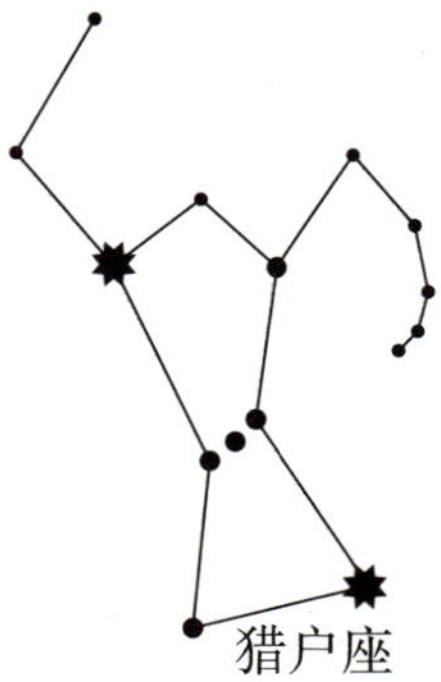

回答:

38 第 37 题中猎户座里左上方的红色巨星叫什么?

回答:

39 夏季大三角和冬季大三角，哪一个更接近正三角形?

回答:

答案与解析 37▶39

37 C

在希腊神话中，海神波塞冬有个儿子，名叫俄里翁，长得魁梧强壮。俄里翁因为酒后说了一句“我是这天下最厉害的猎人”而惹怒了大地女神，被女神送来的天蝎刺死。因此，能看到天蝎座的夏季一定看不到猎户座。

38 参宿四

红超巨星。右下方的蓝超巨星是参宿七。

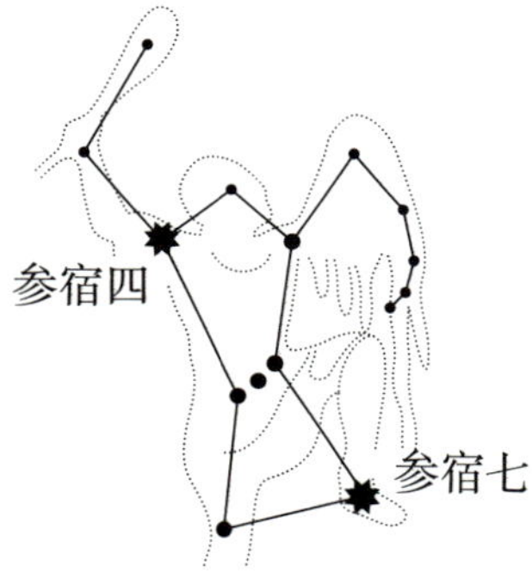

39 冬季大三角

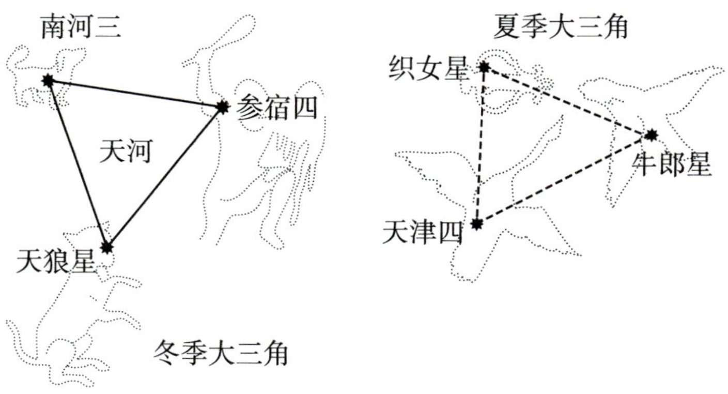

夏季大三角看上去像等腰三角形。

40 没有一等星的星座是哪一个星座?

A. 狮子座

B. 牧夫座

C. 仙后座

D. 天蝎座

回答:

答案与解析 40

40 C

狮子座的一等星是轩辕十四，牧夫座的是大角星，天蝎座的是心宿二。

主题六

地层、岩石

41 下面是一幅河口示意图。河口的沉积物有小石子、砂石以及泥土。请问：A处的沉积物是什么？

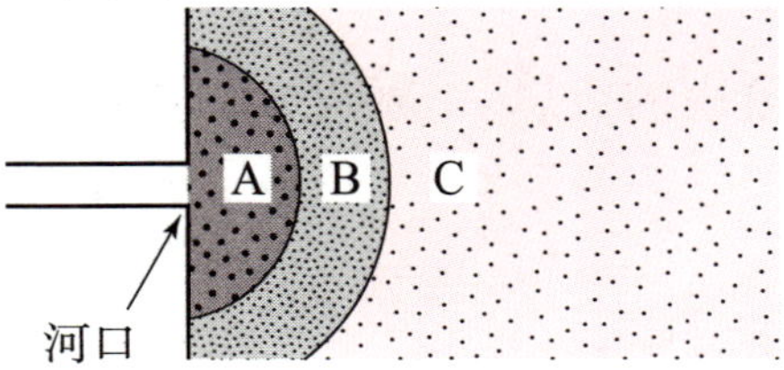

回答：

42 凝灰岩是什么物质凝结而成的岩石？
（提示：注意“凝灰岩”这个名字。）

回答：

答案与解析 41▸42

41 小石子

因为小石子重，所以会先沉积在河口。

42 火山灰

“凝”就是凝固的意思。“凝灰岩”就是火山灰碎屑凝结而成的岩石。

43 地层左右受力后形成的波状弯曲叫“褶皱”。地层左右受力后形成的裂缝叫什么呢？

（提示：有时是因为地震造成的。）

回答：

44 我们把河口附近形成的如下图所示的地形称作什么？

（提示：我们通常把这种地形叫作“××洲”。）

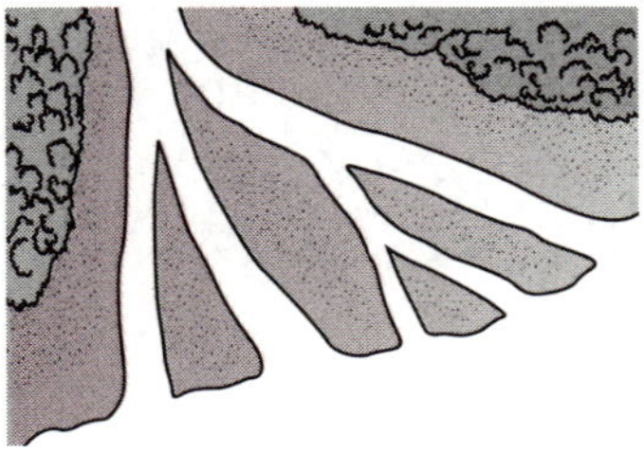

回答：

45 流水的三大作用是侵蚀、搬运和什么？

回答：

答案与解析 43 ▶ 45

43 断层

地震的发生就是因为活断层（即目前正在活动着的断层，或是近期曾有过活动而不久的将来可能会重新活动的断层）。

44 三角洲

河流从山间流至平原或盆地时，会形成扇形地形（冲积扇）。

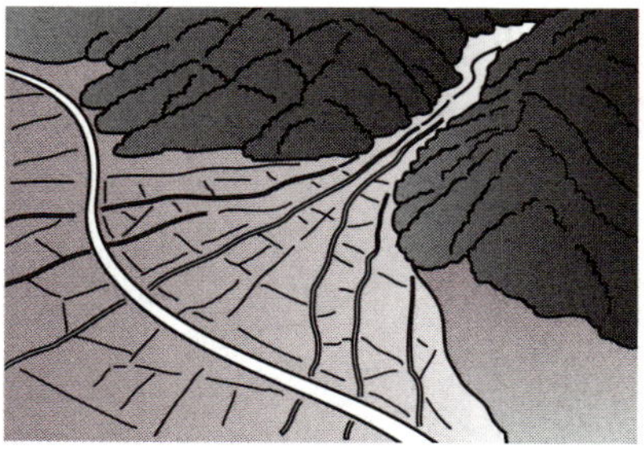

45 堆积

通过堆积形成地层，长年累月后固化成岩石。

46 观察某地层时发现从地表开始依次是泥层、砂层和卵石层。当这样的三层地层沉积在海底，那么想象一下，沉积过程中的水深是变深了还是变浅了？

回答：

47 如下图所示，我们将地层序列中不协调的地层接触关系称为“不整合”。试问：从 B 地层堆积后隆起到 A 地层的堆积期间发生什么？

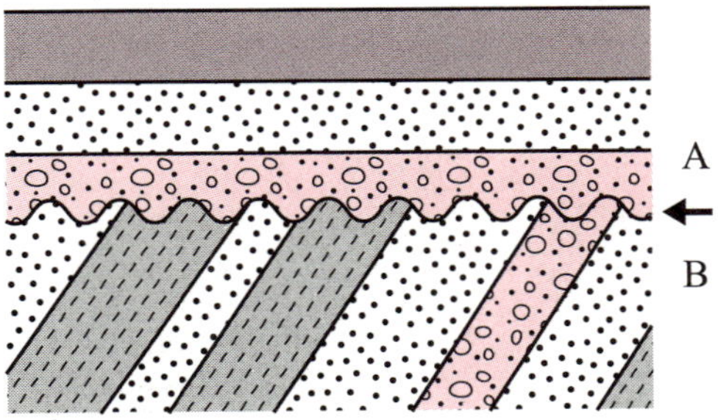

（提示：地层一般是在什么地方堆积的？上图“←”处的锯齿状说明此处遭受过侵蚀，那么，是什么侵蚀了它，又是在哪里被侵蚀的呢？）

回答：

答案与解析 46 ▸ 47

46 变深了

地层都是自下而上按序沉积的。最下面的颗粒比较大（是在浅水地带沉积形成的），越到上面颗粒越细（是在深水地带沉积形成的）。由此可知，最开始沉积时水是比较浅的，慢慢越变越深了。

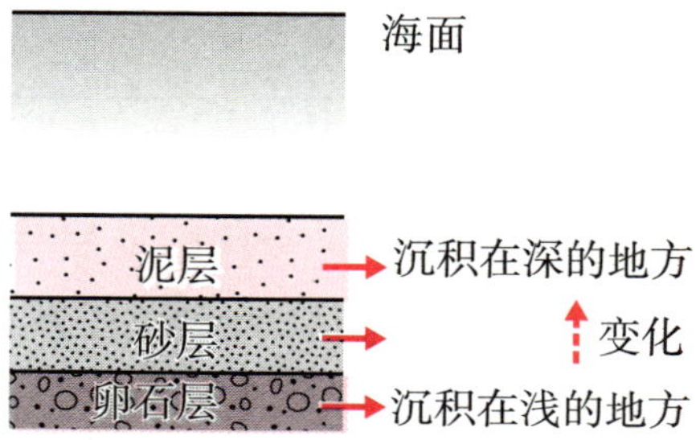

47 地层隆起形成陆地

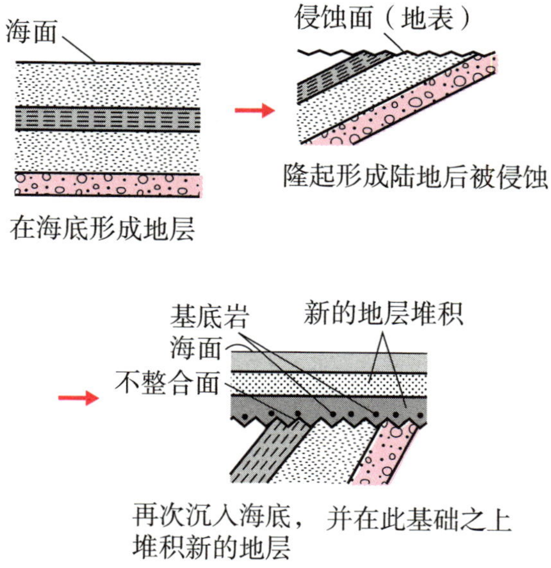

48 下列说法正确的是（　　）。

A. 震级是用于表示地震规模的尺度，每上升一个级别，释放的能量就会增加 10 倍

B. 地震的烈度是表示地震强弱程度的指标，其等级标准全世界通用

C. 烈度并非按照人的体感程度和外界的被破坏程度来划分，而是有规定的计算方式

D. 烈度分为 0～7 级，无法再细分了

回答：

49 从河流转弯处的下游方向看到的河流的横截面，是下面的（　　）。

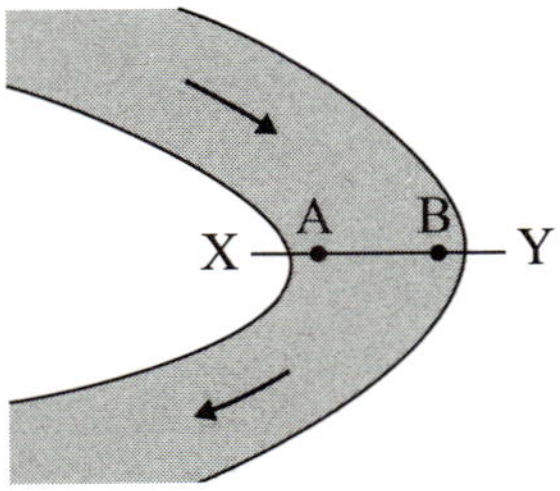

A. X  Y

B. X  Y

C. X  Y

（提示：河流转弯处的外侧水流流速更快。）

回答：

答案与解析 48▶49

48 C

A 选项，震级每上升一级，释放的能量扩大 31.5 倍。

B 选项，烈度的等级标准并不是全世界通用的。

D 选项，烈度“5”和“6”还可以再细分为“5 强”“5 弱”“6 强”“6 弱”。

49 C

因为河道外侧的水流流速更快，所以河水会冲击河岸，最终形成悬崖；河道内侧则是河滩。

主题七

气　象

50 假设整个天空中，70% 的面积有云，天气是多云吗？

回答：

51 为什么夏天容易形成龙卷风？

回答：

52 去洗海水浴就会知道陆地和海洋哪一个更容易变暖。那么到底哪一个更容易变暖呢？

回答：

答案与解析 50 ▶ 52

50 是

气象学上规定：

云量	天气
0 ~ 1	晴天
1 ~ 3	少云
4 ~ 7	多云
8 ~ 10	阴天

51

因为夏天温湿度高，地表附近的空气吸热变轻，形成上升气流，水蒸气分子不断补充进来，在风的作用下产生了龙卷风。

52 陆地

白天站在沙滩上会热得受不了，而下水就会觉得凉爽，由此可知陆地比海洋更容易变热。

53 低气压逼近的时候，天气是会变好还是变坏？

回答：

54 我们把赤道附近的由热带低气压形成的风速超过 17.2 m/s 的热带气旋称为“台风”，并且会给它编号，除了叫“几号台风”之外，也有别的叫法，对吗？

回答：

55 下图是一个温度计。温度降低的时候，左右温度计的差值会变大，为什么？

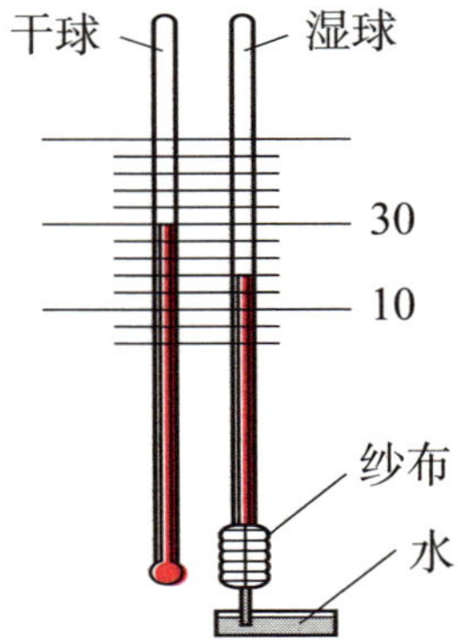

回答：

答案与解析 53 ▶ 55

53 **变坏**

低气压时，产生的上升气流容易形成云。

54 **对**

在西北太平洋和南海海域采用一套统一的热带气旋命名表。热带气旋的名字从世界气象组织（WMO）台风委员会所有成员以及该区域 WMO 的有关成员所贡献的名字中选出。比如就有用“海棠”命名的台风。

55 **因为水分蒸发时会吸热，右侧温度会更低**

热的时候人会出汗也是同样道理，汗水蒸发时带走的热会让人体温度有所降低。

水溶液

56 我们通常用石蕊试液的颜色来识别水溶液的酸碱性。请问：表中空白处应该填入什么颜色？

酸性	中性	碱性
	紫色	蓝色

回答：

57 与石蕊试液有着相似作用的还有酚酞试液，下表中空白处应该填入什么颜色？

酸性	中性	碱性
无色	无色	

回答：

58 盐酸、碳酸、硼酸水溶液的共性是什么？

回答：

答案与解析 56 ▶ 58

56 红色

57 红色

58 酸性

硫酸、明矾水溶液等也呈酸性。

59 氢氧化钠水溶液、肥皂水、石灰水的共性是什么？

回答：

60 问题 58、59 中的溶液都不具备的性质是什么？

回答：

61 盐酸（氯化氢溶液）和氢氧化钠水溶液中和之后会得到什么？
（提示：食盐的主要成分是什么？）

回答：

62 用 100 ℃的开水，可以调出浓度为 30% 的食盐水吗？

回答：

答案与解析 59 ▶ 62

59 碱性

氨水等也呈碱性。

60 中性

食盐水、糖水等是中性的。

61 氯化钠溶液

氯化钠就是食盐的主要成分。大家赶紧看看餐桌上食用盐的成分表吧。

62 不能

100 g 100 ℃的开水里最多大约能溶解 39.3 g 食盐，其浓度为：

$$\frac{\text{溶解物的质量}}{\text{水溶液总质量}}\times 100\%,$$

故

$$\frac{39.3}{139.3}\times 100\%\approx 28.2\%.$$

63 可以调出浓度为 40% 的酒精吗？

回答：

64 下图是（　　）的晶体。

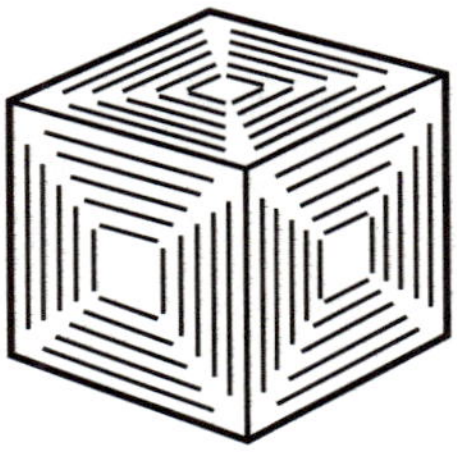

A. 明矾　　B. 硼酸　　C. 食盐

回答：

答案与解析 63 ▶ 64

63 能

酒精能与水以任意比例互溶。所以食盐水达不到的 30%、40% 的浓度，酒精可以达到。

64 C

明矾的晶体是八面体，硼酸的晶体是六角板状。

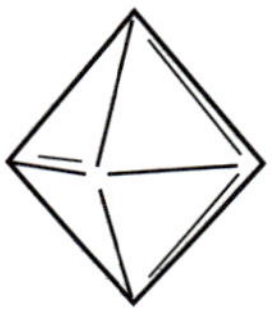

明矾

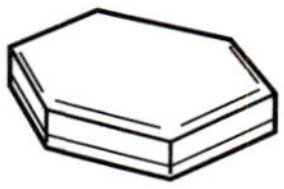

硼酸

主题九

气 体

65 以下是表述氧气性质的文字，括号里应该填入什么？

- 比空气重（密度约为空气的 1.1 倍）。
- 约占空气的 21%。
- 物体燃烧时起到（　　　）作用。

回答：

66 以下是表述二氧化碳性质的文字，括号里应该填入什么？

- 比空气重（约为空气的 1.5 倍）。
- 空气中约含 0.04%。
- 溶于水变成（　　　）（提示：大家平时经常饮用）。
- 通入石灰水中会使其变浑浊。

回答：

65 帮助

也称“助燃性”。因为有氧气，物体才能够燃烧。

66 碳酸

67 以下是表述氢气性质的文字，括号里应该填入什么？

- 是所有气体中最轻的（密度约为空气的 0.07 倍）。
- 遇火会发生爆炸，生成（　　　）。

回答：

68 能反应生成氧气的固体和液体分别是（　　　）。

A. 石灰石和盐酸　　B. 二氧化锰和过氧化氢溶液　　C. 铝和盐酸

回答：

69 能反应生成二氧化碳的固体和液体分别是（　　　）。

A. 石灰石和盐酸　　B. 二氧化锰和过氧化氢溶液　　C. 铝和盐酸

回答：

答案与解析 67▶69

67 **水**

氢气燃烧后会产生水。

68 **B**

反应时，二氧化锰不会发生变化，它是催化剂，起到将过氧化氢分解成氧气和水的作用。

69 **A**

石灰石与盐酸反应，能生成二氧化碳、氯化钙和水。

70 能反应生成氢气的固体和液体分别是（　　）。

A. 石灰石和盐酸　　B. 二氧化锰和过氧化氢溶液　　C. 铝和盐酸

回答：

71 空气中含量最多的气体是什么？

回答：

72 关于蜡烛的火焰名称，以下正确的是（　　）。

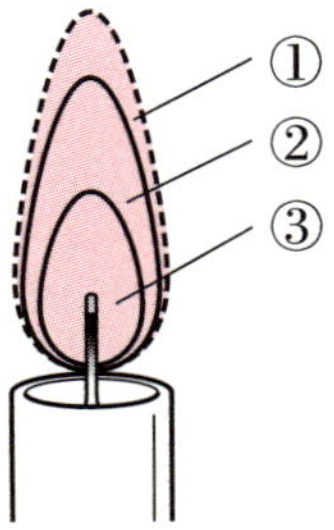

A. ①外焰；②焰心；③内焰

B. ①外焰；②内焰；③焰心

C. ①内焰；②外焰；③焰心

回答：

答案与解析 70▸72

70 C

铝将被盐酸溶解。

71 氮气

约占空气的 78%。

72 B

最接近火焰中心的地方被称为“焰心”。

主题十

声、光、热

73 声音的三要素是声音的响度、音色以及什么？

回答：

74 “回声”是当声音投射到物体后的一部分声能（　　）回来的声音。请问括号里应该填入什么词？

回答：

75 光的三大性质包括光沿直线传播、光的反射和什么？

回答：

76 光遇到白色物体会被反射，遇到黑色物体会怎样？

回答：

答案与解析 73▶76

73 音调

音调的高低是由单位时间内物体的振动次数，即频率决定的。

74 反射

声音碰到坚硬的物体时会被反射，碰到柔软的物体时会被吸收。

75 光的折射

光在进入不同状态的物体后会发生折射。大家不妨确认一下。

76 被吸收

热也是会被吸收的，所以夏天穿黑色衣服会感觉更热。

77 光从空气中射入水中后的路径是下面哪一条？

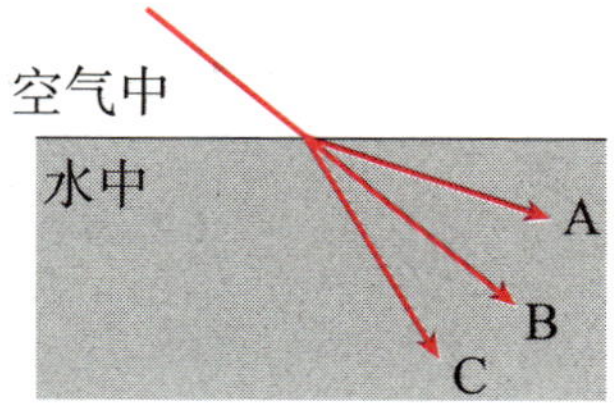

回答：

78 热传递的三种方式是热传导、对流和什么？

回答：

79 试想寒冷的季节里穿着短裤坐在公园的长椅上。木椅子和铁椅子，哪一个会更让人感到寒冷？

A. 木椅子　　B. 铁椅子　　C. 都一样

回答：

答案与分析 77▸79

77 C

光从空气中射入水中，会在水面发生折射。

78 热辐射

（1）热传导是指能量从物体温度较高的部分传到温度较低的部分，或从温度高的物体传到温度低的物体。比如金属等固体的热传递。

（2）被加热的液体会向上流动，形成热对流。对流是靠液体或气体的流动来传热的。

（3）热辐射是指物体不依靠任何介质，直接将能量以电磁波的形式传播出来给其他物体。比如火和太阳的热传递。

（1）热传导　（2）对流　（3）热辐射

79 B

金属容易导热，能迅速地将身体的热量吸收，所以寒冷的季节里坐铁椅子会比坐木椅子感觉更冷。

80 水在 0 ℃时结冰，100 ℃时沸腾。为什么刚好是这么准确的两个数字？

回答：

81 汽车的刹车灯、交通信号灯的“红灯”，用的都是红色灯光，这是为什么？

回答：

答案与分析 80▶81

80 因为是人为设定水结冰的温度为0 ℃，沸腾的温度为100 ℃，然后再将其100等分的

81 因为红色光的波长更长，可以传到更远的地方

彩虹的七种颜色按波长由长到短的顺序依次为红、橙、黄、绿、蓝、靛、紫。光的波长越长，穿透力越强，能够到达的地方越远。而波长短的光，受外界的影响和散射较大，在折射中大部分会被大气层吸收。

想一下晚霞。太阳光斜射过来，穿过空气到达地面。其间的紫色光被大气层阻隔，最后到达地面的只有红色光。

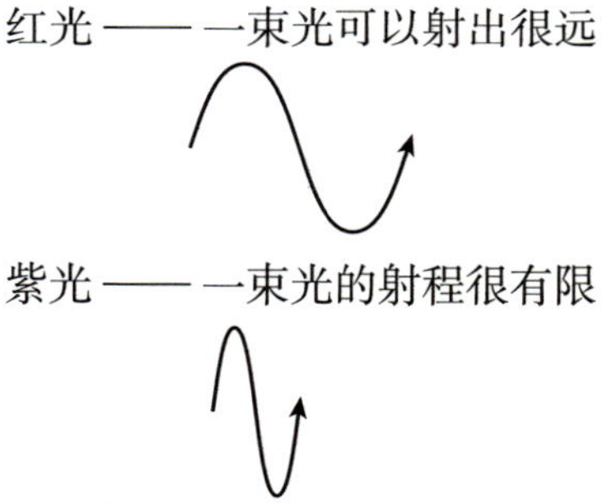

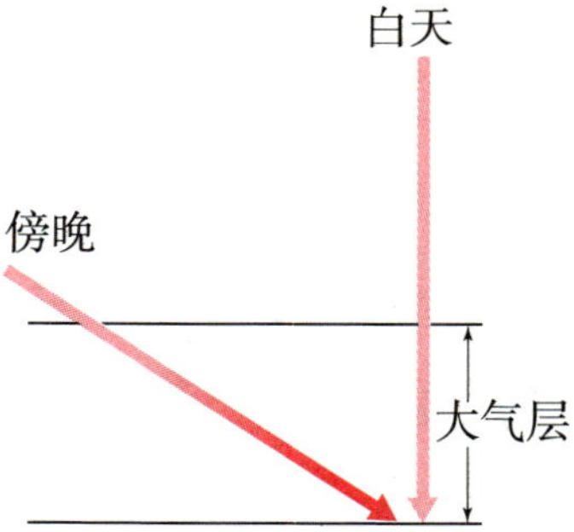

实验器材

82 下图是底部呈球状的透明玻璃烧瓶（圆底烧瓶）。圆底更利于实验中加热时使用，请问这是为什么？

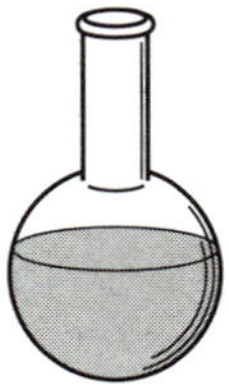

回答：

83 下图是一个锥形瓶，只适合放在实验台上使用，不适合加热时使用。请问这是为什么？

回答：

答案与解析 82 ▶ 83

82 因为圆底烧瓶受热更均匀

83 因为有炸裂的危险

锥形瓶的底部为平面，直接加热可能会导致受热不均而炸裂，所以不适合做加热或有压力的实验。

84 下图是一个培养皿。培养皿最基本的用途是（　　）。

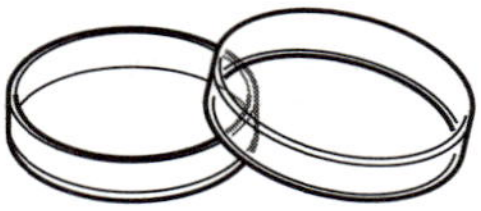

A. 将两种水溶液混合后观察变化

B. 加热少量药品

C. 培养细菌

回答：

85 下图是一个量筒，请问是做什么用的？

回答：

答案与解析 84▶85

84 C

用培养皿可以方便地观察菌落，也有在盖子上安装摄像头的。

85 用于测量水及其他液体的体积

量筒的“量”就是“测量”的意思。

86 酒精灯里的酒精一般都会加到七八分，这是为什么呢？

A. 太少的话，酒精很快就烧没了

B. 太少的话，容易引起爆炸

C. 太少的话，火焰不太旺

回答：

87 安装显微镜时，是先装目镜，还是先装物镜？

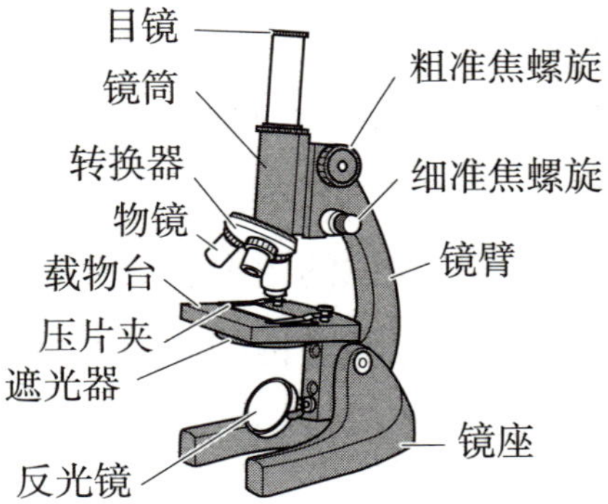

回答：

88 使用温度计或量筒进行测量，在读数时需要注意什么？

回答：

答案与解析 86 ▶ 88

86 **B**

酒精灯里的酒精气体遇火会发生爆炸。

87 **目镜**

为了防止灰尘进到镜筒内，会首先安装上目镜。

正确的显微镜使用方法是：

（1）避免在阳光直射的地方放置显微镜；

（2）安装目镜；

（3）安装物镜；

（4）通过物镜调节反光镜的明暗度；

（5）放上切片；

（6）尽量拉近切片与物镜的距离；

（7）通过目镜拉长切片与物镜的距离，调节焦距。

88 **读数时，视线要与温度计或量筒中液柱的液面最低处相平**

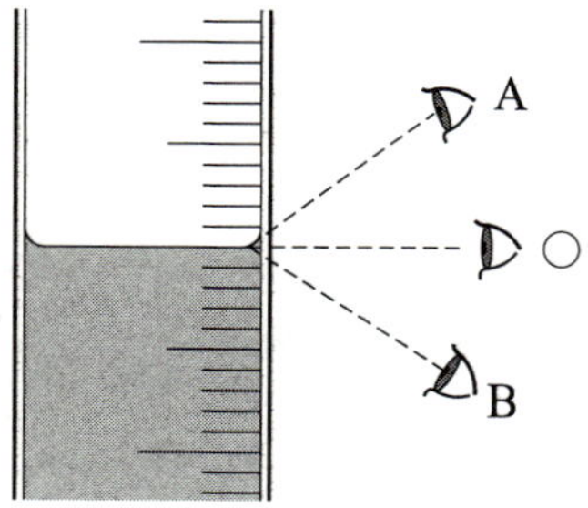

A 角度的读数会比实际数据大。

B 角度的读数会比实际数据小。

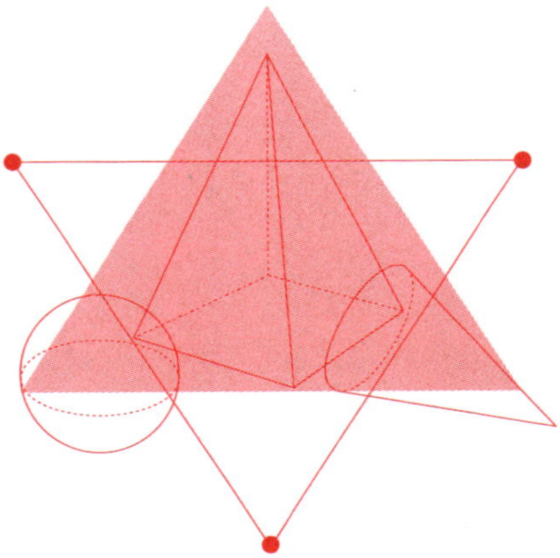

第二部分　思考问题篇

主题一

生　物

问题 1

有一种昆虫，称过它身体的各部分质量之后得到如下数据。（昆虫身体分为头、胸、腹三部分。）

· 头部和胸部合计为 0.7 g；
· 头部和腹部合计为 0.8 g；
· 胸部和腹部合计为 0.9 g。

请问该昆虫的身体总质量是多少？

提示

完成下表后求值。

头部（g）	胸部（g）	腹部（g）	合计（g）
○	○		0.7
○○	○○	○○	
○	○	○	

回答：

答案与解析 ▸ 问题 1

首先，将已知身体各部分的合计质量填入表中。

头部（g）	胸部（g）	腹部（g）	合计（g）
○	○		0.7
○		○	0.8
	○	○	0.9
○○	○○	○○	
○	○	○	

首先，将已知身体各部分的合计质量填入表中。

头部（g）	胸部（g）	腹部（g）	合计（g）
○	○		0.7
○		○	0.8
	○	○	0.9
○○	○○	○○	2.4
○	○	○	**1.2**

头部 $\times 2$ + 胸部 $\times 2$ + 腹部 $\times 2$，合计为 2.4 g，也就是说 2 只昆虫的质量是 2.4 g，那么 1 只的质量就是

$$2.4 \div 2 = 1.2\ (\mathrm{g}).$$

答案：1.2 g

问题 2

植物体内的水分通常通过叶面、叶底和叶茎以气体的形式排出体外，这种现象被称为“蒸腾作用”。关于蒸腾作用，有如下实验：

准备 3 片叶茎长度、叶片数量和叶面大小相同的树叶，将它们分别插入装有水的试管中放置 2 个小时，观测试管中减少的水量，并记录在下表中。（涂有凡士林的部位水分不会蒸发；除了通过植物本身，水无处蒸发。）

	A	B	C	D
涂有凡士林的部位	无	叶面	叶底	叶茎
减少的水（mL）	2.5	2.1	0.7	

请问上表空白栏处应该填入什么数字？

提示

完成下表后求值。

	叶面	叶底	叶茎	减少的水（mL）
A	○	○	○	2.5
B	×	○	○	
C				
D				

回答：

填表之后，我们了解到了更多。

	叶面	叶底	叶茎	减少的水（mL）
A	○	○	○	2.5
B	× **2.5−2.1 = 0.4**	○	○	2.1
C	○	× **2.5−0.7 = 1.8**	○	0.7
D	○	○	×	

由此可知，上表 D 中从叶面和叶底蒸发的水量分别是 0.4 mL 和 1.8 mL，那么，通过叶茎蒸发的水量就是

$$2.5-(0.4+1.8)=0.3\ (\text{mL}).$$

空白栏里的数字是

$$2.5-0.3=2.2\ (\text{mL})$$

或

$$0.4+1.8=2.2\ (\text{mL}).$$

答案：2.2 mL

问题 3

取某森林里的腐叶土三份，各 10 g，分别放入三个培养皿中。1 号培养皿中，去除生物 A 和 B 后质量为 8.2 g；2 号培养皿中，去除生物 B 和 C 后质量为 7.4 g；3 号培养皿中，去除生物 A 和 C 后质量为 6.6 g。请问，该森林的每 10 g 腐叶土中所含生物 B 的质量是多少？（该森林腐叶土中所含生物 A、B、C 为均衡生长。）

生物 A	生物 B	生物 C	合计（g）
○	○		10−8.2=1.8

回答：

答案与解析 ▶ 问题 3

去除的生物的质量一定是比 10 g 轻的。先将已知信息填入下表中。

生物 A	生物 B	生物 C	合计（g）
○	○		10−8.2=1.8
	○	○	10−7.4=2.6
○		○	10−6.6=3.4

然后，算一算三种生物的合计质量。

生物 A	生物 B	生物 C	合计（g）
○	○		10−8.2=1.8
	○	○	10−7.4=2.6
○		○	10−6.6=3.4
○○	○○	○○	1.8+2.6+3.4=7.8

由此可知，生物 A、B、C 的合计质量是

$$7.8 \div 2=3.9\ (\mathrm{g}).$$

那么，生物 B 的质量即为

$$3.9-3.4=0.5\ (\mathrm{g}).$$

答案：0.5 g

问题 4

开纯红色太阳花的基因是 AA，开纯白色太阳花的基因是 aa。让这两种太阳花授粉，形成 Aa 的基因组合之后开出的所有花朵都是红色的。这一过程可以用下表表示。

	A	A
a	Aa	Aa
a	Aa	Aa

基因 A 比基因 a 更能优先表现其性状，这就是“显性基因”。

因此，有着 Aa 基因的太阳花开出的全部都是红色的花。

如果让 Aa 基因的红色太阳花再相互授粉，播种后开出了红色和白色的太阳花共 360 朵，请问其中有多少是白色的花朵？

回答：

授粉后的结果如下表：

	A	a
A	AA	Aa
a	Aa	aa

由此可知，

$$AA : Aa : aa=1 : 2 : 1.$$

开出白花的太阳花的基因是 aa，那么，360 朵太阳花中，白色花朵有

$$360\div(1+2+1)\times 1=90（朵）.$$

答案：90 朵

问题 5

某种生物的单只幼虫和成虫的质量分别是 200 mg 和 700 mg。现培养皿里有大量该生物的幼虫和成虫，数量比是幼虫：成虫 = 2∶3。如果此时培养皿中的成虫和幼虫质量和为 7.5 g，问其中有多少只幼虫？

回答：

答案与解析 ▸ 问题 5

先做一张表。因为幼虫：成虫 =2 ： 3，那就以幼虫 2 只，成虫 3 只为计算基础。

幼虫 2 只：

$$200\times2=400\ (\mathrm{mg}).$$

成虫 3 只：

$$700\times3=2100\ (\mathrm{mg}).$$

$$400+2100=2500\ (\mathrm{mg})=2.5\ (\mathrm{g}).$$

幼虫（只）	2	4	6
成虫（只）	3	6	9
质量（g）	2.5	5	7.5

完成此表，就会得到答案：6 只幼虫。

答案：6 只

问题 6

某森林中的脊椎动物（鱼类、两栖动物、爬行动物、鸟类和哺乳动物等）中，不能保持体温恒定的动物占 55%，总是用肺呼吸的动物占 60%。请问，在该森林的脊椎动物中，爬行动物的占比是多少？

回答：

先将脊椎动物的信息整理如下：

	鱼类	两栖动物	爬行动物	鸟类	哺乳动物
体温恒定	×	×	×	○	○
呼吸方式	鳃	鳃→肺	肺	肺	肺
出生方式	卵生	卵生	卵生	卵生	胎生
体表	鳞	黏膜	鳞	羽毛	体毛

问题中的爬行动物属于用肺呼吸的变温动物。再把问题条件归纳如下：

	体温恒定（%）	体温不恒定（%）	合计（%）
总是用肺呼吸（%）			60
可以用鳃呼吸（%）	×		40
合计（%）	45	55	100

由上表可知，可以用鳃呼吸的动物都是变温动物。也就是说上表中“×”处的数字应该是0，考虑到了这一步，就可以用减法算出我们想要的答案了。

	体温恒定（%）	体温不恒定（%）	合计（%）
总是用肺呼吸（%）	45	15	60
可以用鳃呼吸（%）	0	40	40
合计（%）	45	55	100

所以，总是用肺呼吸的变温动物——爬行动物占比15%。

答案：15%

问题 7

某卷心菜地里捕到 20 只白纹蝶，在蝶身上做好记号后放掉。第二天，又在同一地点捕到 30 只白纹蝶，其中有 6 只身上有记号。问这片卷心菜地里大概有多少只白纹蝶？

提示

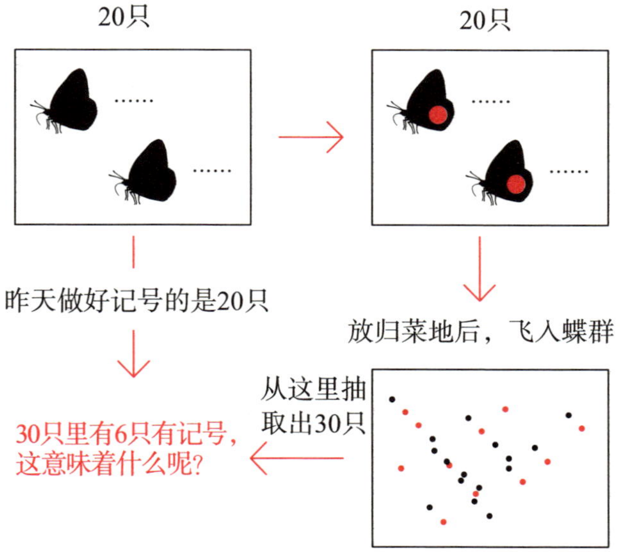

回答：

答案与解析 ▸ 问题 7

考虑一下首次捕到的 20 只白纹蝶相对于卷心菜地里所有的白纹蝶大概是多大比例。

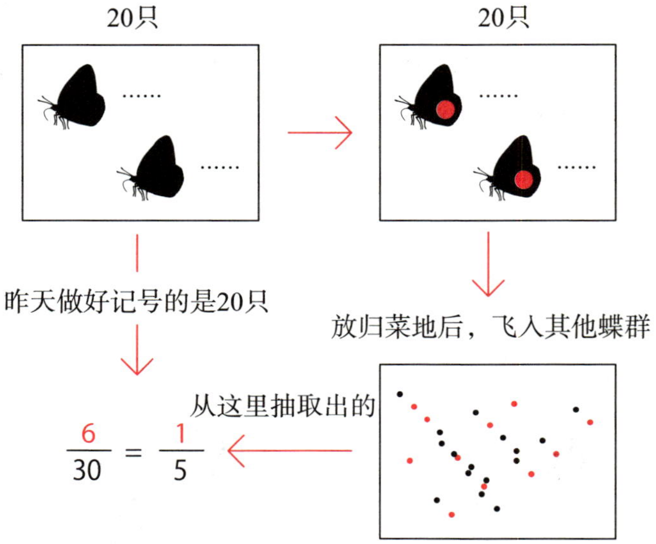

由此可知，带记号的 20 只白纹蝶大约占卷心菜地所有白纹蝶的 1/5。

于是，大致可以推算出菜地里共有白纹蝶

$$20 \times 5=100\text{（只）}.$$

答案：100 只

问题 8

下图展示的是某种昆虫从卵到成虫的存活率。如果该昆虫在图表的最后阶段产卵一次即结束一生，那么，每一只雌性昆虫需要产卵多少，才能保证这种昆虫不增不减，维持在一定的数量呢？

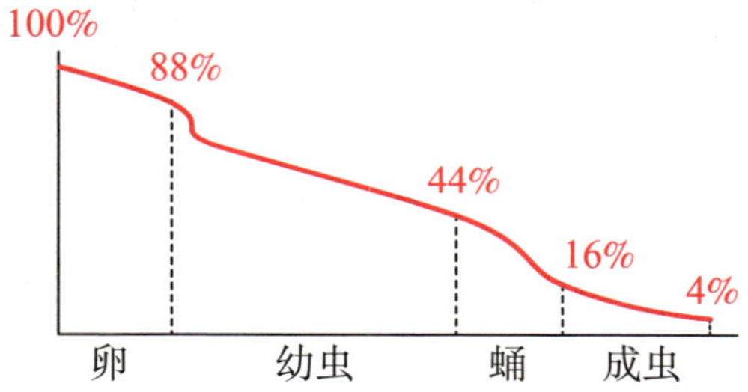

提示

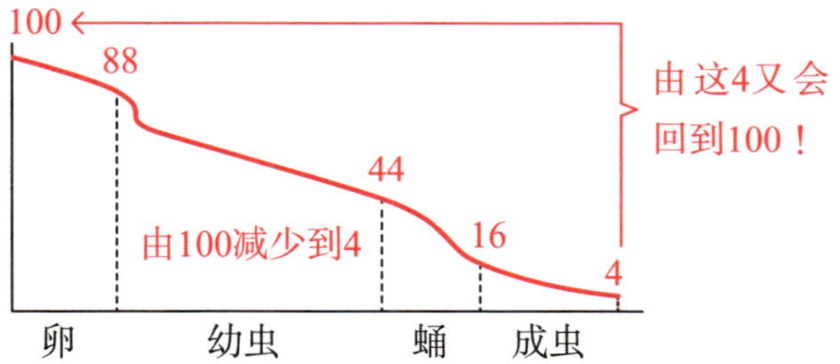

不妨这样来考虑……

回答：

答案与解析 ▸ 问题8

并非 4 只都会产卵。

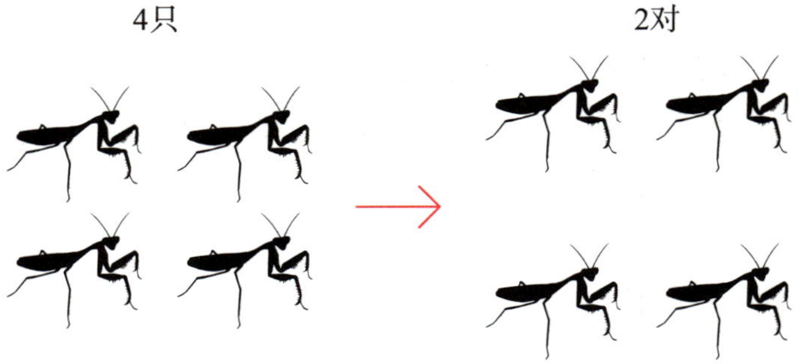

试想 4 只能配成 2 对，如果每对中的 1 只雌性昆虫产卵 50 个，那么 2 对就能产卵 100 个，回到原来的虫卵数。

答案：50 个

问题 9

想要数一数鳕鱼子有多少粒，可是一粒粒地数实在是太麻烦了，于是想办法知道了部分鱼子的粒数。

- 1 条雌鱼的卵巢质量是 80 g。
- 取鳕鱼子 0.1 g，其中共含有 697 粒鱼子。

问一条雌鱼卵巢里的鳕鱼子大约有多少粒？

提示

在空白栏里填入数字后再做思考。

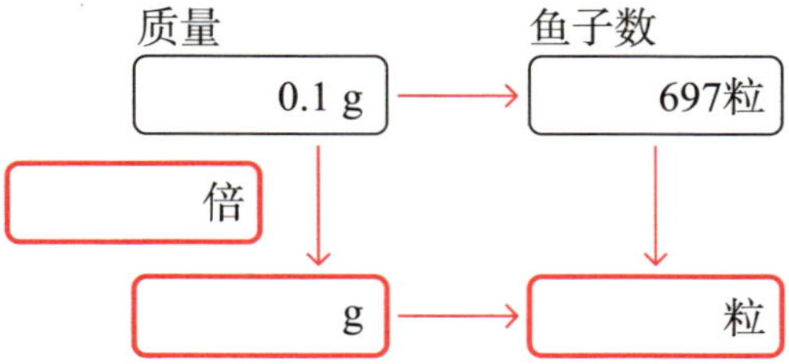

回答：

此方法是求解大数字题目的典型方法之一。只需知道某个小区域中的准确数量，以及总质量是我们所查区域质量的多少倍，最后将两者相乘就可以了。

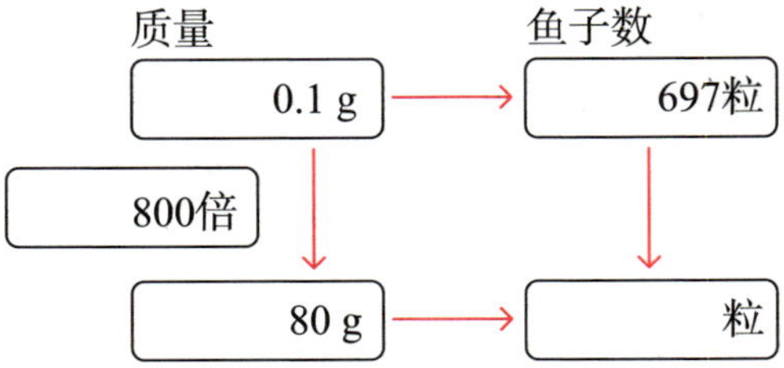

0.1 g 中含有 697 粒鱼子。卵巢质量为 80 g，即 0.1 g 的 800 倍。那么，鱼子的总量为 697 × 800。

笔算也是可以的。我们还可以取个巧，这样就能很简单地算出来。

先把 697 加了当作整数 700 来算，700 × 800，然后减去多加的 3 × 800。

$$
\begin{aligned}
& 697 \times 800 \\
= & (700-3) \times 800 \\
= & 700 \times 800-3 \times 800 \\
= & 560000-2400 \\
= & 557600（粒）.
\end{aligned}
$$

答案：557600 粒

问题 10

在用显微镜观察浮游生物时，发现其不在中心位置上，如下图所示。于是想把浮游生物移到显微镜的正中央来进行观察，请问，应该把它往A～H的哪个方向移动呢？

（显微镜和天文望远镜中的上下左右与我们的视觉方向正好相反。）

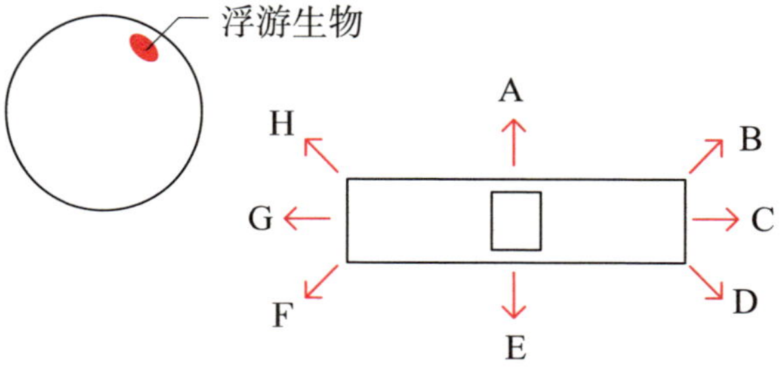

回答：

答案与解析 ▶ 问题 10

通常情况下，如果想把浮游生物移往左下角，应该选择 F 方向。但因为实验显微镜中的上下左右与我们的视觉方向相反，所以实际移动方向是 B。

答案：B

地　理

问题 11

通过英国格林尼治天文台旧址的本初子午线经度为 0°。格林尼治天文台以东的地区（东经 180° 为止）比以西的地区（西经 180° 为止）更早迎来新的一天。

地球一天自转 360°，360° ÷24=15°，正好每 15° 为一个时区，相邻时区相差一小时。日本位于东经 135° 左右，与英国有（135° ÷15° =9）9 个小时的时差。所以，当日本新的一天开始 9 小时后，英国才开始新的一天。

美国的夏威夷州位于西经 150° 左右。（150° +135°）÷15° =19（h），夏威夷新的一天的开始比日本晚 19 个小时。

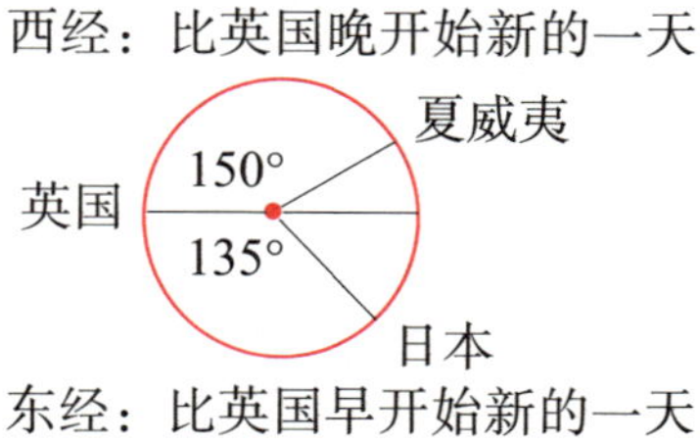

皮基先生于日本时间 8 月 12 日上午 9 点从日本成田国际机场出发，飞行 17 个小时到达夏威夷。停留 30 个小时后，又从夏威夷檀香山国际机场出发了。问皮基先生从檀香山国际机场出发的时间是当地时间的几月几日几点？

回答：

将已知信息整理在表格里。特别提醒的是，夏威夷与日本有 19 个小时的时差，比日本晚一天开始新的一天。这意味着日本某日的 19 点时，夏威夷迎来当日的 0 点。

把本次旅行行程的“日本时间”填入下表。

	日本时间	夏威夷当地时间
日本出发	8/12 9 点	
到达夏威夷	8/12 9+17=26（点）即 8/13 2 点	
夏威夷出发	8/13 2+30=32（点）即 8/14 8 点	?

–19 小时

从夏威夷出发是日本时间 8 月 14 日 8 点，这与夏威夷当地时间相差 19 个小时。而夏威夷新的一天比日本晚 19 个小时开始，也就是说，日本时间 8 月 14 日 8 点时，夏威夷的 8 月 14 日还没有开始。必须要把时间倒推 19 个小时。

8 月 14 日 8 点 ←相当于→ 8 月 13 日 32 点 .

所以夏威夷的当地时间是 8 月 13 日

32–19=13（点）.

答案：8 月 13 日 13 点（下午 1 点）

问题 12

整个地球的表面积中，海洋占了约 70%。而海洋整体面积中，北半球占了约 3/7；陆地整体面积中，南半球占了约 1/3。请问，地球表面积中，北半球的陆地所占比例是多少？

回答：

答案与解析 ▸ 问题 12

先将已知信息整理在下表中。

	陆地（%）	海洋（%）	地球表面（%）
北半球（%）		30	
南半球（%）	10		
整个地球（%）	30	70	100

空白部分的数字可以用减法计算得出。

	陆地（%）	海洋（%）	地球表面（%）
北半球（%）	20	30	50
南半球（%）	10	40	50
整个地球（%）	30	70	100

如果地球表面积是 100，北半球的陆地就是 20，即 20%。

答案：20%

问题 13

光速约为 30 万 km/s。太阳到地球的距离是 1.5 亿 km，请问阳光到达地球表面需要多少时间？

回答：

答案与解析 ▶ 问题 13

将问题条件绘成图。

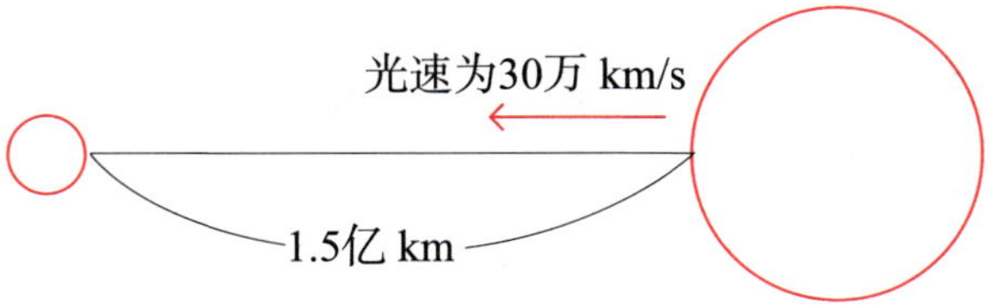

用 1.5 亿 km ÷ 30 万 km/s，就可以计算出需要的时间

1.5 亿 km=15000 万 km，

15000 ÷ 30=500 s=8 min 20 s.

答案：8 min 20 s

问题 14

皮基先生的家在公园以东 100 m 的地方。尼昂克奇先生的家在公园以南 100 m 的地方。从皮基先生的家看来，尼昂克奇先生的家是位于哪个方向的呢？

提示

把 1 格长看作 100 m，画一画、试一试吧。

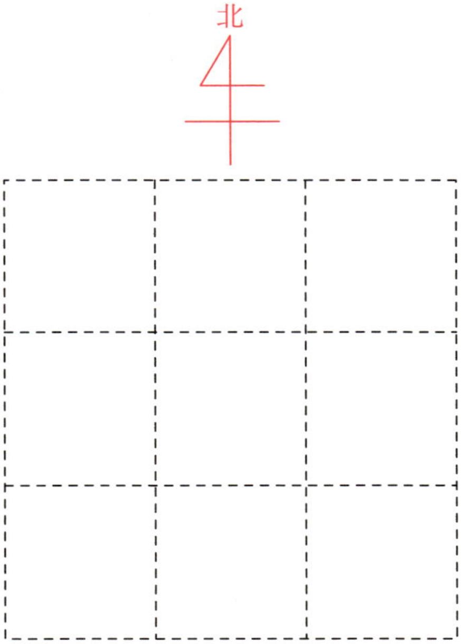

回答：

答案与解析 ▶ 问题 14

把已知项的相互关系标注在图上。

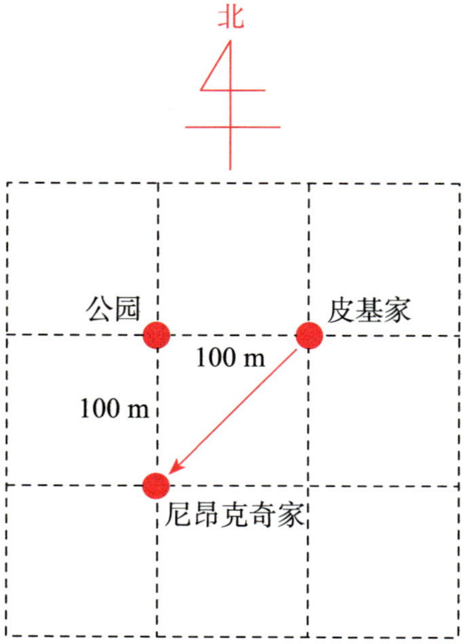

答案：西南方向

问题 15

下图中，皮基先生从●处往北走，在第一个转角处右转，再在下一个转角处左转，接着再左转。请问此时的皮基先生在朝着东西南北的哪个方向行进呢？

提示

在下图中试着走一走皮基先生的路线。

回答：

答案与解析 ▶ 问题 15

皮基先生的行走路线如下图。

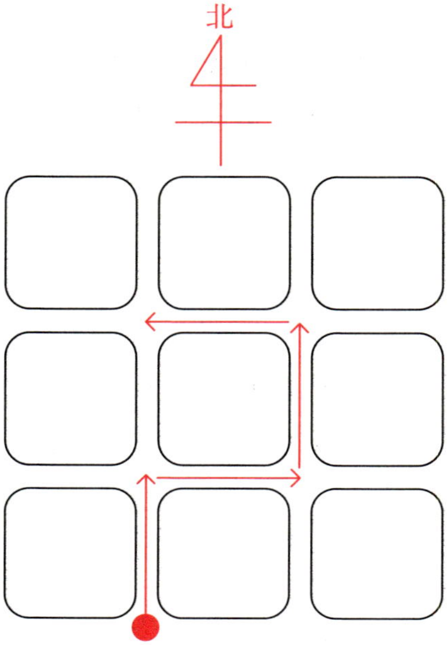

答案：朝着西方行进

问题 16

在某海岸看到风向标正朝着西南偏南的方向飘动着。问此时的风向是什么方向？

回答：

答案与解析 ▶ 问题 16

风向不是指“风吹去的方向”，而是“风吹来的方向”，所以，风向标飘动的方向不是风向，迎着的方向才是风向。用 16 方位表示的话，西南偏南的相反方向是东北偏北。

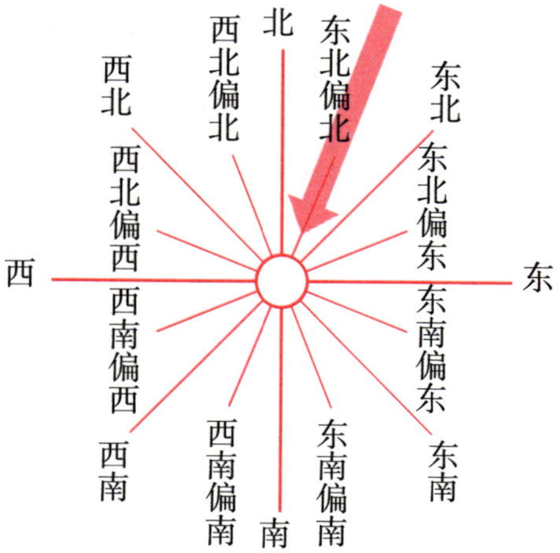

答案：东北偏北方向

问题 17

下图是在透明半球上记录的某一天从日出到日落的太阳运动轨迹。曲线全长 60 cm，已知信息如下：

· *A* 是 8 点，*B* 是 9 点，*C* 是 10 点，*D* 是 11 点，*F* 是 13 点时的记录。

· *E* 是太阳上中天时的记录。

· *A*、*B* 之间的长度是 6 cm。

· *D*、*E* 之间的长度是 5.6 cm。

问此观测点的太阳上中天的时刻是几点几分？

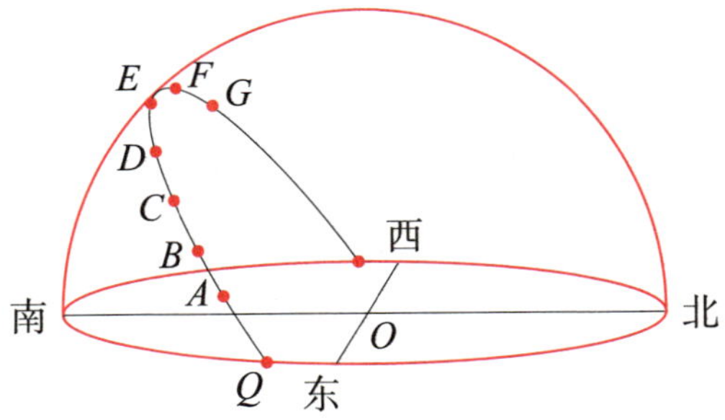

回答：

太阳在透明半球上每小时移动 6 cm。又知从 D 到 F 需要 2 h，所以 DF 的间距为 12 cm。DE 相距 5.6 cm，可知 EF 为

$$12-5.6=6.4\ (\text{cm}).$$

由此可以算出 DE 和 EF 的比例。

$$DE : EF=7 : 8.$$

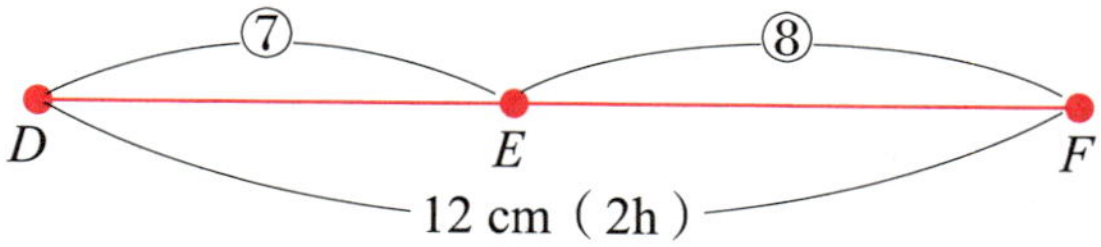

从 D 到 F 需要 2 h（120 min），于是

$$DF=120\ (\text{min}),$$

$$120 \div (7+8)=8\ (\text{min}).$$

从 D 到 E 需要

$$120 \times \frac{7}{7+8}=56\ (\text{min}).$$

所以，此观测点的太阳上中天的时刻是 11 点 56 分。

答案：11 点 56 分

问题 18

地震波是通过两种波传递的，一种是传递速度快但晃动小的纵波（P 波），另一种是传播速度慢但晃动大的横波（S 波）。地震发生时，首先传来 P 波，会产生小幅度的摇晃（初期微动），之后 S 波传来，会感觉到较大的摇晃。利用离震源越远，P 波和 S 波的间隔（初期微动持续时间）越长这一原理，可以计算出地震发生的时间和震源位置等。下表展示的是某次地震的 P 波与 S 波的到达时间以及该地与震源的距离。问 *C* 地距震源有多少千米？

地点	P 波到达的时间	S 波到达的时间	与震源的距离（km）
A	晚上 7 点 20 分 20 秒	晚上 7 点 20 分 30 秒	80
B	晚上 7 点 20 分 25 秒	晚上 7 点 20 分 40 秒	120
C	晚上 7 点 20 分 35 秒	晚上 7 点 21 分 00 秒	

回答：

答案与解析 ▶ 问题 18

利用 P 波和 S 波的间隔（初期微动持续时间），将其做成图表更容易思考。

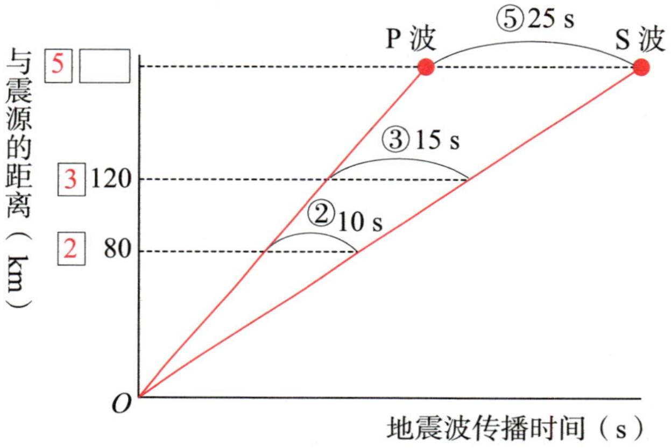

由于初期微动的持续时间与离震源的距离成正比关系，所以从图上看来

地点	离震源的距离	初期微动持续时间
A	2 80 km	② 10 s
B	3 120 km	③ 15 s
C	5 ？ km	⑤ 25 s

离震源的距离每增加 40 km，初期微动持续时间就会增加 5 s。

C 比 *B* 的初期微动持续时间多 10 s，所以离震源的距离远 80 km。

$$120+80=200\text{（km）}.$$

答案：200 km

问题 19

从地面朝斜下方挖一条直隧道，明明一直都是下坡，隧道也没有拐弯，可是从某个地方开始就会变成上坡。这是为什么呢？

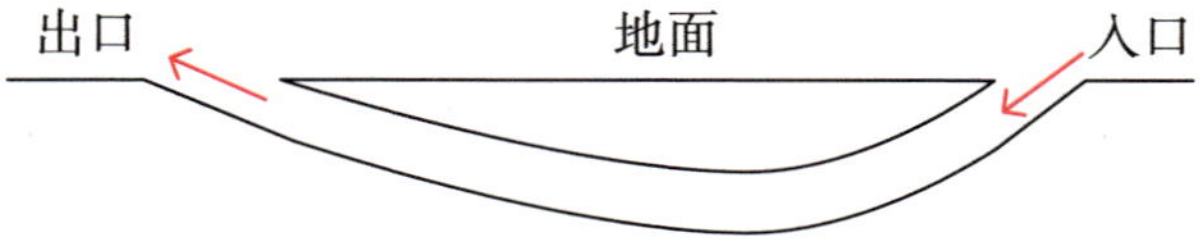

回答：

答案与解析 ▶ 问题 19

按一般的考虑，从入口到出口都是笔直的，结果却是入口下坡，出口上坡，这是不可能的。如下图所示。

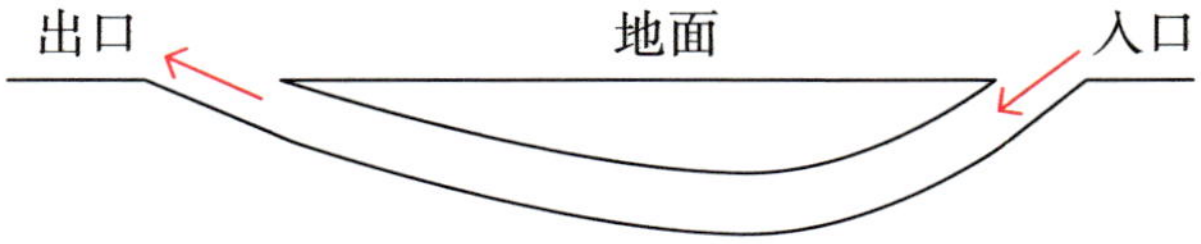

但是，我们想一想地球。是的，地球是圆的。笔直的隧道总有出现在地面的那一刻。请看下图。

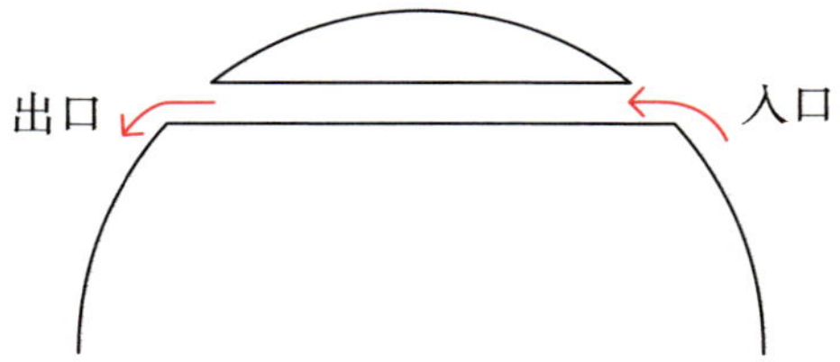

从某个地方斜着向下一直挖隧道，定会在另一个地方出到地面上。这条长长的隧道注定一半是下坡，一半是上坡。

答案：因为地球是一个球体

问题 20

月球自转和公转的周期（转一周所需的天数）都是 27.3 天，而且总是将同一面朝向地球。参考下图，从下列选项中选出正确的说法。

A. 从月球的某个点持续观测，会发现地球是从西边升起东边落下的。月球一天大致相当于地球一天。

B. 从月球的某个点持续观测，会发现地球是从西边升起东边落下的。月球一天大致相当于地球一个月。

C. 从月球的某个点持续观测，会发现地球一直处于同一位置。月球一天大致相当于地球一天。

D. 从月球的某个点持续观测，会发现地球一直处于同一位置。月球一天大致相当于地球一个月。

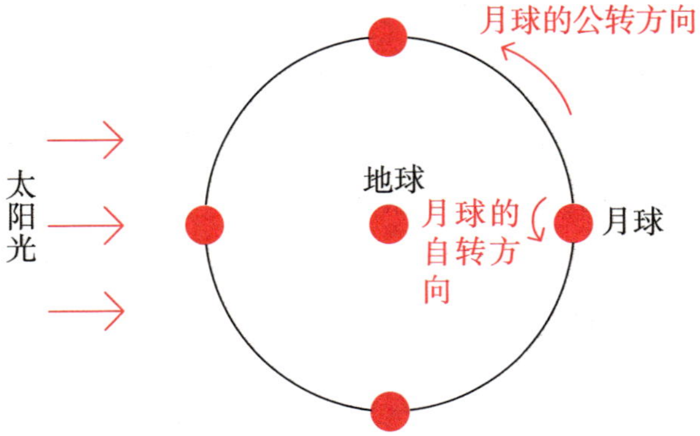

回答：

答案与解析 ▶ 问题 20

假设在图中①处月球表面的•点观测地球和太阳。即使月球移动到②处，朝向地球的•点也依然是面对地球的。

也就是说，从月球上看地球，会一直是同一位置（不存在升起或落下）。

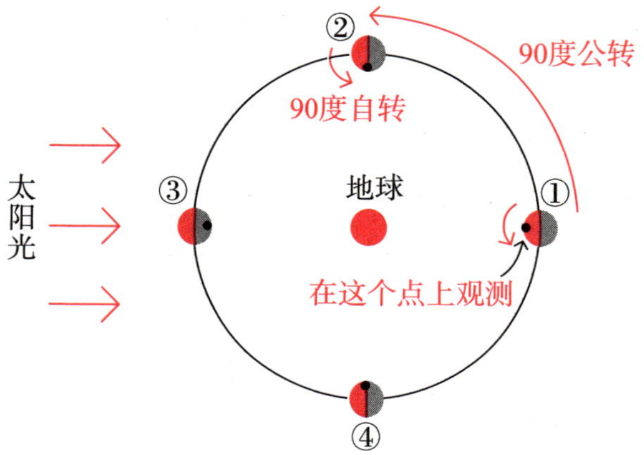

顺便说一下，月球在①位置时，•是正午（太阳在正面，即上中天）。移动到②位置时，昼夜交替，是傍晚。移动到③位置时，完全照不到太阳光，此时为深夜。然后到了④位置，是白天和夜晚的交界点，即黎明。

换句话说，月球自转一周的时间相当于地球的 27.3 天，这个时间对于月球来说是一天。

答案：D

问题 21

表示方位的词有东、西、南、北（4 个方位），除此之外，还可细分成东南、西南等 8 个方位，在此基础之上还能再细分为 16 个方位（见下图所示）。

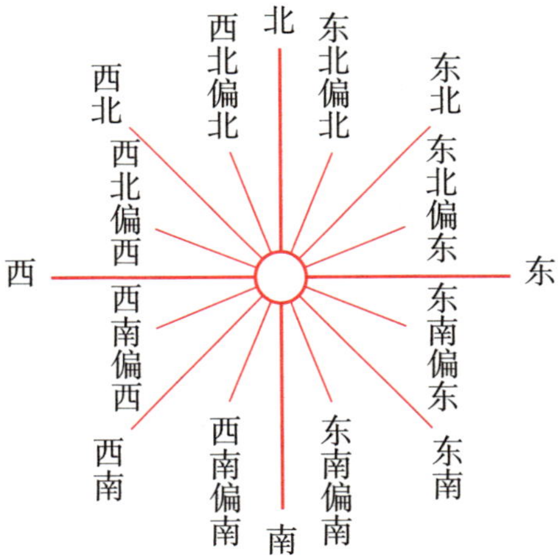

一天傍晚，皮基先生朝着正南方向的海面大喊时，被飞翔的海鸟吸引了，他右转了 75°，随即听到船的汽笛声，再左转了 45°。最后被野猫的叫声吓到，向右转了 127.5°。

问，此时的皮基先生面向的是哪个方向？可参考上图来思考。

回答：

皮基先生向右转的角度合计为

$$75+127.5=202.5°,$$

向左转的角度合计为 45°。

也就是说，往右转

$$202.5-45=157.5°,$$

就是皮基先生现在的朝向。

16 方位角之间的角度为

$$360 \div 16=22.5°,$$

面向南方往右数

$$157.5 \div 22.5=7（格）$$

即可。

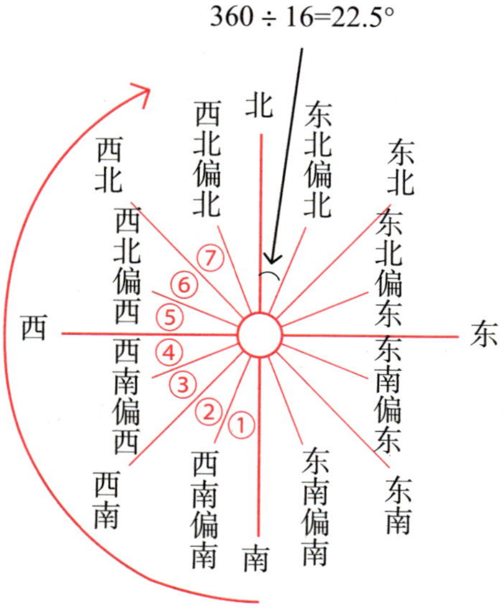

答案：西北偏北

问题 22

从地球上看到的星星的亮度，取决于星星本身的亮度和与地球间的距离。如果与地球间的距离扩大 2 倍，那么星星的可见亮度就会变为原来的$\frac{1}{2\times2}=\frac{1}{4}$。这是因为，星星的光亮一边四散一边向前，光照面积变为了距离的平方倍的缘故。

现有 A 、B、C、D 4 颗与地球间的距离不同、可见亮度不一的星星（如下表所示）。问哪颗星星的自身亮度是最亮的？

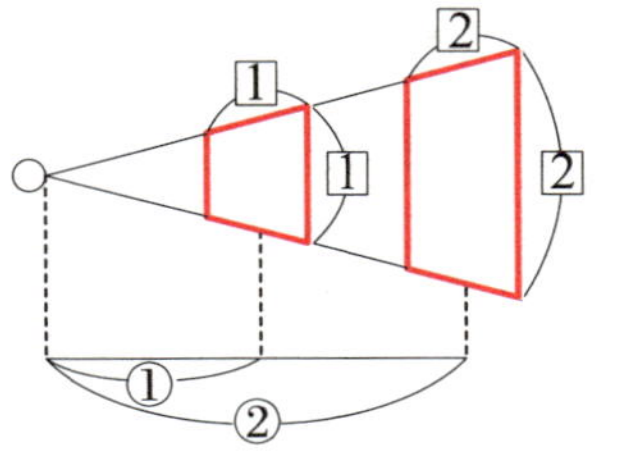

与星星的距离	①	②
光照面积	1 × 1=1	2 × 2=4
↓ 亮度	1	$\frac{1}{2\times2}=\frac{1}{4}$

	A	B	C	D
与地球的距离	1	4	2	3
肉眼可见的亮度	1	0.5	0.25	1

* 将星星 A 与地球间的距离、可见亮度分别用 1 表示。

* 可见亮度 2 表示 1 的 2 倍，0.5 表示 1 的一半，依此类推。

回答：

答案与解析 ▶ 问题 22

先考虑如果和星星 A 一样“与地球的距离为 1”，大概是多高的亮度。

例如星星 B，因为其与地球的距离是 4，当它移动到与地球距离为 1 的地方，可见亮度就会是 4×4 倍。

	与地球的距离	可见亮度	与地球距离为 1 时的亮度
B	4	0.5	$0.5 \times 4 \times 4 = 8$
C	2	0.25	$0.25 \times 2 \times 2 = 1$
D	3	1	$1 \times 3 \times 3 = 9$

由此可知，星星 D 是最亮的，而星星 C 和星星 A 的亮度相同。

答案：星星 D

问题 23

日本的气象卫星“向日葵”在赤道上方 3.6 万 km 的高空与地球同步自转，每 24 h 绕地球一周。“向日葵”能全天候拍摄日本上空的云系状态，被称作“地球同步卫星”。请问，为什么地球同步卫星一定要定位在赤道上空，就不能是在日本上空吗？（日本位于北半球，不经过赤道。）另外，“向日葵”的公转速度大概是多少呢？

请从下面 A ~ D 中选出正确的说法。（空气中的音速约为 340 m/s。）

A. 可以定位在日本上空。速度比音速快。

B. 可以定位在日本上空。速度比音速慢。

C. 不能定位在日本上空。速度比音速快。

D. 不能定位在日本上空。速度比音速慢。

回答：

答案与解析 ▶ 问题23

如下图所示，人造地球卫星在以地球球心为中心的轨道上运行。

如果轨道经过日本上空，势必也会经过地球上日本的另一面，那么，这颗人造卫星就不能始终环绕在日本上空了。因此，必须定位在赤道上空。

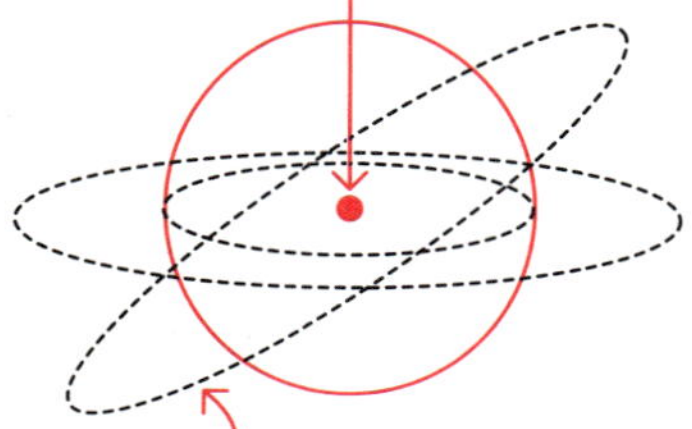

地球的半径约为 6000 km，圆周率按 3 来计算，“向日葵”的公转速度的计算如下：

- 轨道的半径：6000+36000=42000（km）.
- 轨道的直径：42000 × 2=84000（km）.
- 轨道的圆周：84000 × 3=252000（km）.

24 h 绕行一周，时速则是 252000 ÷ 24=10500（km/h）.

音速是 340 m/s，时速即为

$$0.34 \times 3600=1224\ (\text{km/h}).$$

由此可知，“向日葵”的公转速度远远超过音速。

答案：C

问题 24

白天气温上升是因为太阳的照射使地面升温，地热又进一步温暖了空气。早上和傍晚的太阳高度低，阳光斜射地面，照射的面积会比垂直照射时大，相同面积的地面所接受的热量也就变少了。

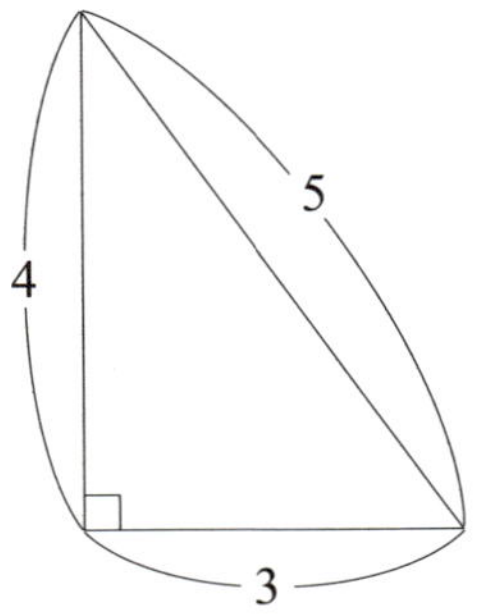

看下面 A、B 两图，请问同样面积的 A、B 两地从太阳获得的热量比是多少？可利用上图中三角形的边长比来回答。

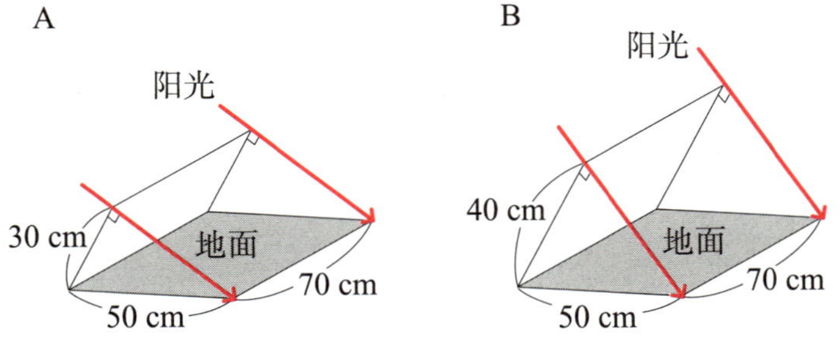

回答：

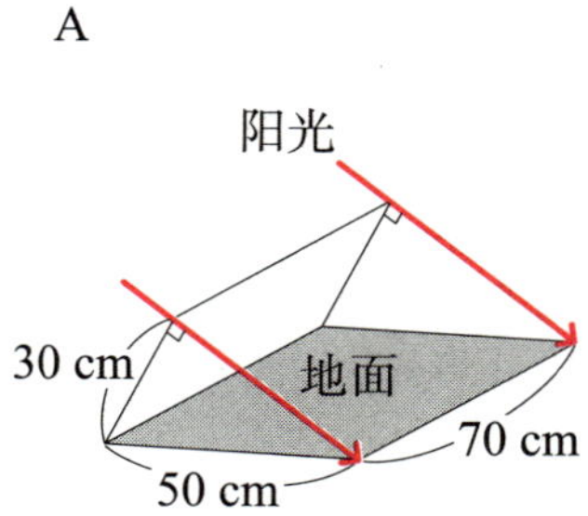

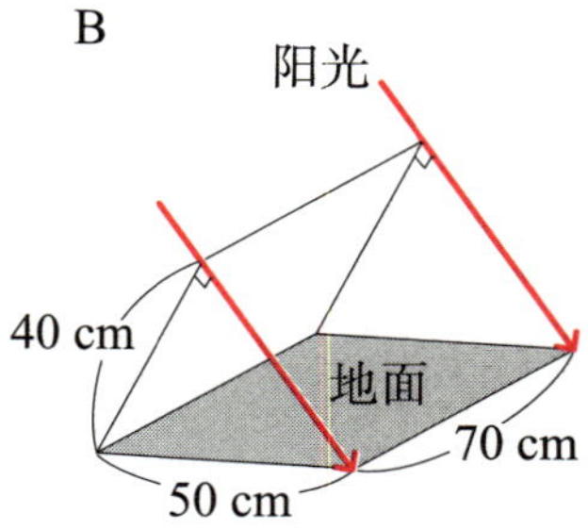

A 情况下，原本照射在 $30 \times 70=2100\ cm^2$ 上的阳光，此时相当于照在 $50 \times 70=3500\ cm^2$ 上。

也就是说，同一地块此时接受的热量，相当于阳光垂直照射时的 $\frac{3}{5}$。

B 情况也做同样考虑，即 $\frac{4}{5}$。于是，相同面积的 A、B 两地地面所接受的热量比是 3 ∶ 4。也就是两者的边长比（30 ∶ 40=3 ∶ 4）。

答案：3 ∶ 4

物 理

问题 25

皮基先生用托盘天平称得一件物品的质量为 89.2 g，在称的时候尽最大限度减少砝码的加减次数。问皮基先生加减砝码的次数一共是几次？加和减分别算一次。

托盘天平的使用方法（以右利手为例）：

（1）将托盘天平置于水平桌面，放上左、右两个托盘。

（2）检查天平是否左右平衡。如不是，使用平衡螺母进行调节。

（3）将待称量的物品放在左盘中。

（4）在右盘中由大到小加放砝码，直到天平平衡。所称物品的质量等于右盘中砝码的质量之和。200 g 的砝码套盒里的砝码如下表。

质量(g)	100	50	20	10	5	2	1	0.5	0.2	0.1
个数	1	1	1	2	1	2	1	1	2	1

提示

我们用↑表示加砝码，用↓表示减砝码，完成下表就能知道加减砝码的次数。

质量(g)	100	50	20	10	5	2	1	0.5	0.2	0.1
箭头	↑↓	↑								

回答：

加减各一次⇒↑↓

加一次⇒↑

没有使用⇒无标记

质量（g）	100	50	20	10	5	2	1	0.5	0.2	0.1
箭头	↑↓	↑	↑	↑↓↑	↑	↑↑		↑↓	↑	

我们数一数↑↓箭头的个数就可以得出答案。

① 放上 100 g 的砝码，太重，换下。

② 放上 50 g 的砝码。

③ 放上 20 g 的砝码。

④ 放上 10 g 的砝码。

⑤ 再放一个 10 g 的砝码。太重，换下。（物体比 90 g 轻。）

⑥ 放上 5 g 的砝码。

⑦ 放上 2 g 的砝码。

⑧ 再放一个 2 g 的砝码。

⑨ 没有使用 1 g 的砝码。（如果加放 1 g，合计是 90 g，而步骤⑤时确定物体比 90 g 轻。）

⑩ 放上 0.5 g 的砝码。太重，换下。

⑪ 放上 0.2 g 的砝码。天平左右平衡了。

以上是所有的操作步骤。数一数↑↓箭头的个数吧。

答案：13 次

问题 26

在以 20 m/s 的速度向东行驶的列车中，梁先生以 5 m/s 的速度朝列车前进的相反方向走去。此时，在地面上以 10 m/s 的速度向西前进的皮基先生看来，梁先生是朝着哪个方向前进的呢？速度是多少？

提示

向东移动的速度用右箭头（→）表示，向西移动的速度用左箭头（←）表示，如图所示。

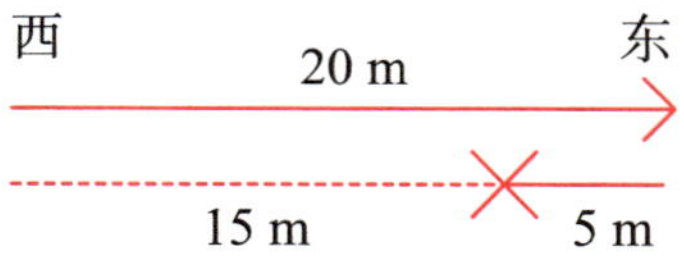

对于静止的人来说，在向东以 20 m/s 前进的列车中，与前进方向相反（向西）以 5 m/s 前进的梁先生，在以 15 m/s 的速度向东前进。

而在皮基先生看来……

回答：

答案与解析 ▶ 问题 26

对于静止的人来说，在向东以 20 m/s 前进的列车中，与前进方向相反（向西）以 5 m/s 前进的梁先生，在以 15 m/s 的速度向东前进。

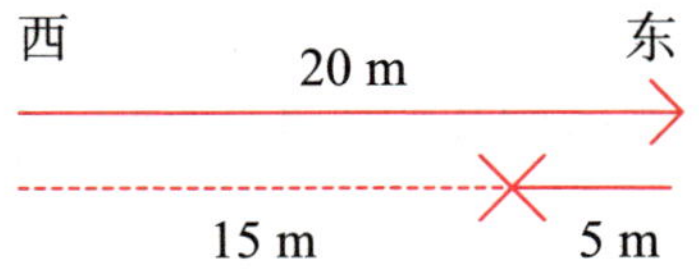

这在地上以 10 m/s 的速度向西前进的皮基先生看来，则是如下图所示，两人在一秒钟内离开了 25 m。

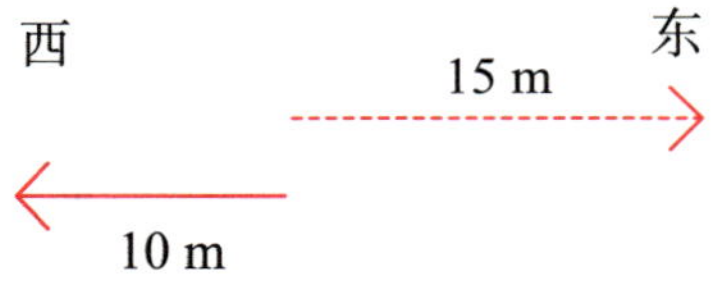

答案：方向向东，速度为 25 m/s

问题 27

一定温度下，声音在空气中的传播速度约为 340 m/s。此时，水面上一艘静止的轮船朝着相距 680 m 的码头短暂地鸣笛。问鸣笛多少秒之后才能听到来自码头的回声？

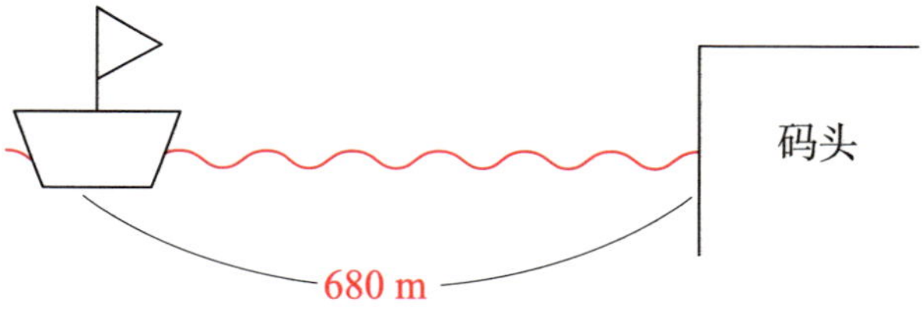

回答：

答案与解析 ▶ 问题27

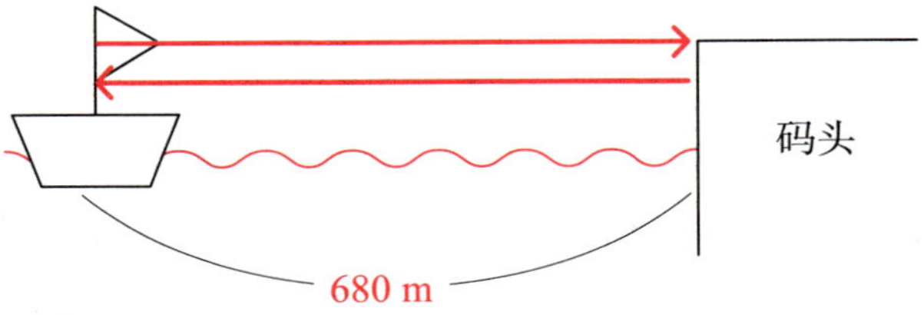

因为是从相距 680 m 的码头反射回来，所以声音传播的距离实际是

$$680 \times 2=1360\ (\text{m}).$$

故所需时间为

$$1360 \div 340=4\ (\text{s}).$$

答案：4 s

问题 28

一定温度下，声音在空气中的传播速度约为 340 m/s。此时，水面上一艘距码头 1440 m 的轮船以 20 m/s 的速度准备靠岸，发出了短暂的鸣笛。问鸣笛多少秒之后才能听到来自码头的回声？

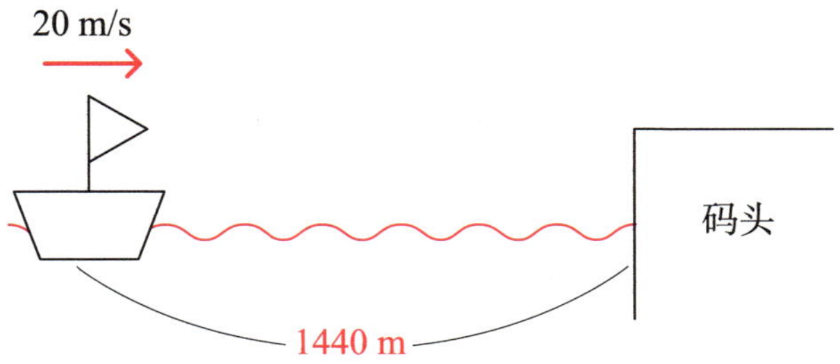

回答：

答案与解析 ▶ 问题 28

船和声音都在动，需要仔细绘图思考。

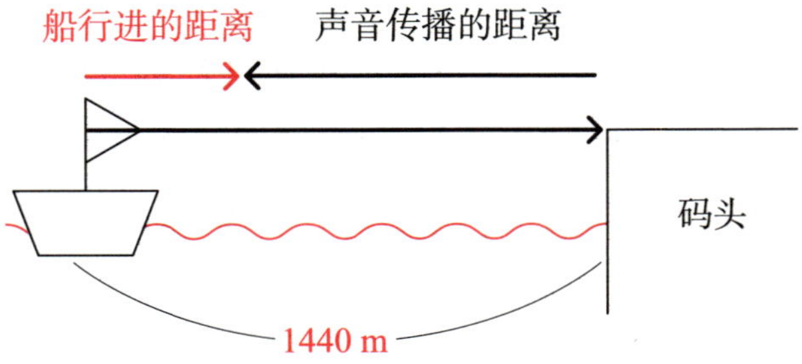

声音传播的距离和船行进的距离之和为

$$1440 \times 2=2880\ (\text{m}).$$

声音和船每秒的传播或移动距离之和为

$$340+20=360\ (\text{m}).$$

可以认为声音以这样的速度传播了 2880 米，至此就可以得出答案了。

$$2880 \div 360=8\ (\text{s}).$$

答案：8 s

问题 29

身高 174 cm 的皮基先生站在镜子前想感受一下全身上下的时尚搭配，请问：这块镜子的高度至少得多少厘米呢？

回答：

答案与解析 ▶ 问题29

在镜子里照出自己的样子，其实就是“另一个走入镜子里的自己”。

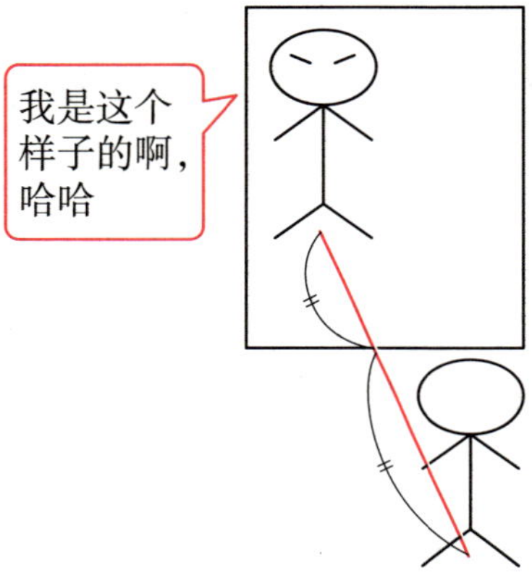

所以，我们只需画出实际映出的图就好了！

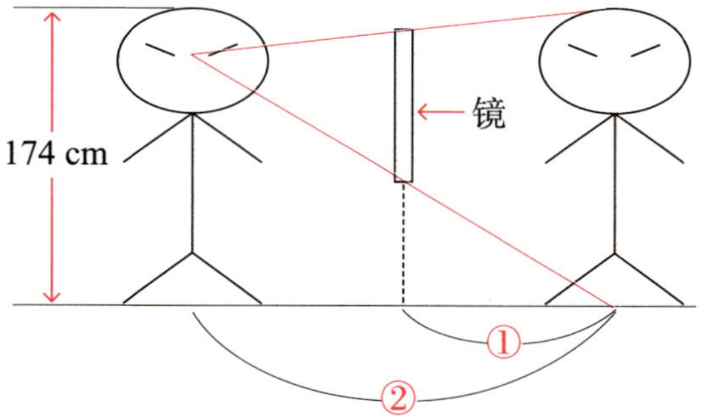

根据三角形的相似性原理可知，镜子只要有身高二分之一的高度就可以了。

174 ÷ 2=87（cm）.

答案：87 cm

问题 30

下图是从垂直上方看到的站在镜子前的 A、B、C、D 和 E 的位置图。请问，从 A 的角度看，镜子里有没有照进的人吗？如果有，会是谁呢？

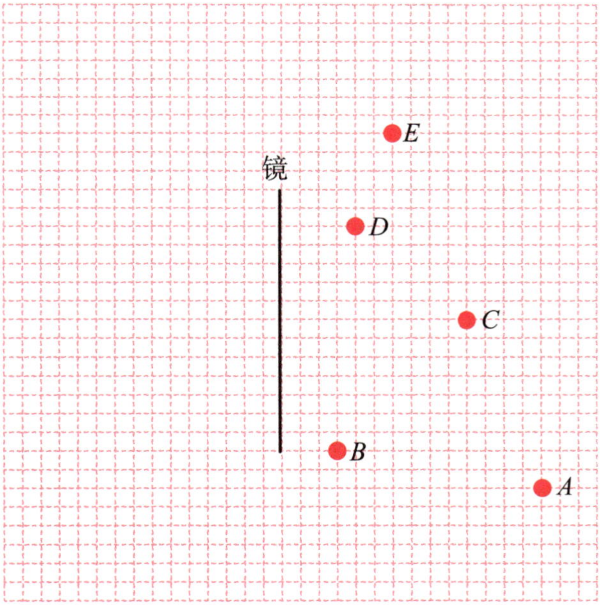

回答：

答案与解析 ▶ 问题 30

先将所有人放入“镜子”中，然后从镜子外的 A 的视角看过去。凡是视线穿过镜子表面的，就是可以在镜子中被看到的；否则，就看不到。

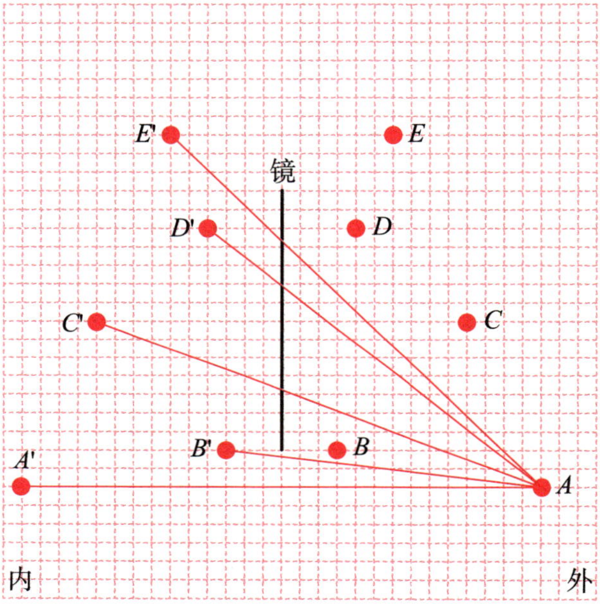

答案：A 和 B

问题 31

如下图所示，光以 60° 的角度照射在镜子的 O 点上并以 60° 的角度反射。现在，以 O 点为中心将镜子顺时针转 15°（虚线示意）。问此时的反射光相比原来的反射光会偏离多少度？

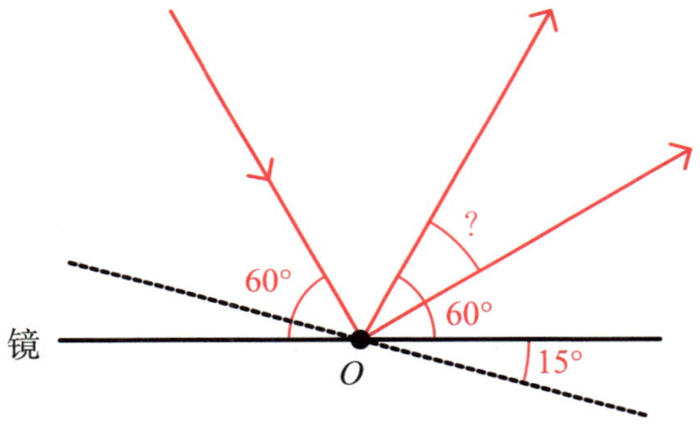

回答：

答案与解析 ▶ 问题 31

镜子顺时针转 15° 后，图中∠ AOB 的大小为

$$60° - 15° = 45°,$$

因此，光从镜子上反射的角度相应变为 45°，右侧的∠ DOC 的大小也变成 45°。于是∠ DOE 的大小为

$$60° + 15° - 45° = 30°.$$

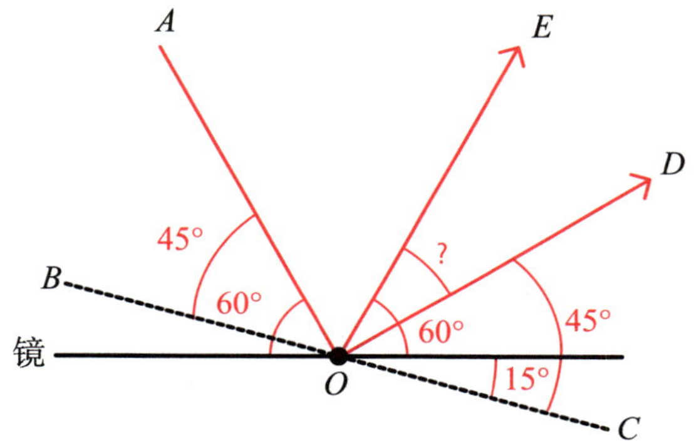

事实上，不管镜子转多少度，反射光改变的角度都是镜子旋转角度的 2 倍。

答案：30°

问题 32

实验测试长方体的砖块最多能伸出台面多长不会掉下去。将图 1 的砖块渐渐伸出台面，如图 2 所示。大于 12 cm 时，砖块会从平台上掉落。在图 1 的砖块上再加叠 1 块相同的砖块，如图 3 所示。问最多可以从台面伸出多长？（求 PQ 的长度）

图1

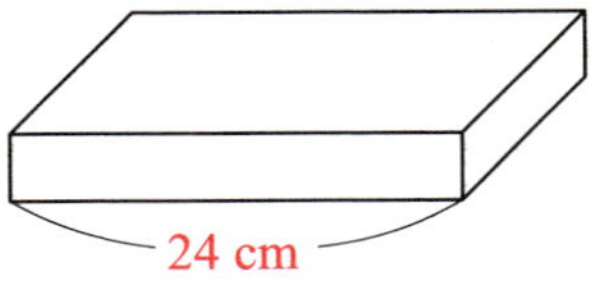

图2

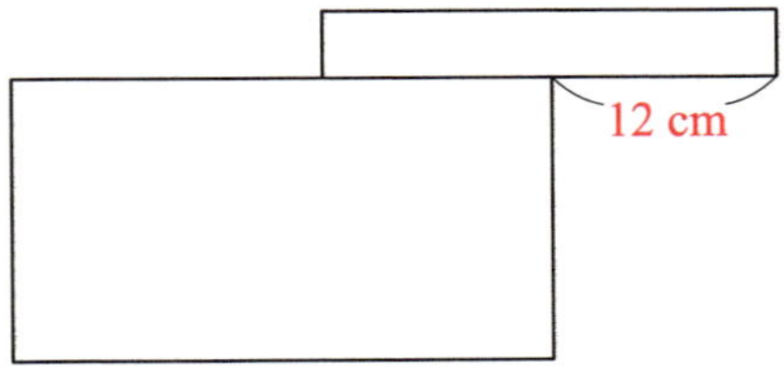

图3

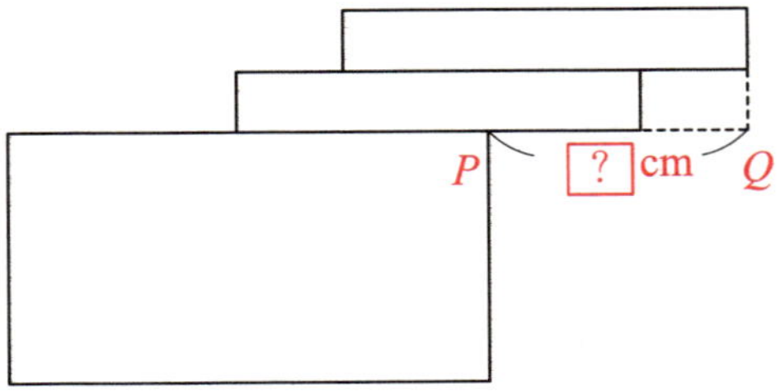

回答：

答案与解析 ▶ 问题 32

砖块最多能伸出台面 12 cm，说明该砖块的“重心”（物体质量的中心点）位于该位置。重心超过台面，自然会掉落下来。

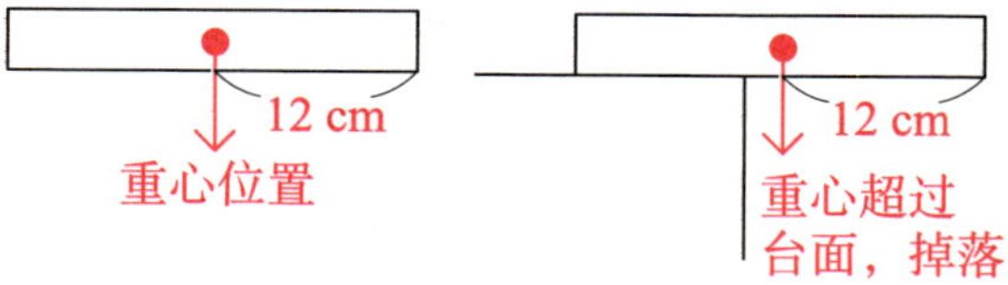

考虑一下加叠在上面的砖块能与下面的砖块移开多少。如果视下面的砖块为底座，上面的砖块最多可以超出 12 cm。

这时，如果把两块砖块作为一个整体来考虑，其重心应该是在两块砖重心的中央。

当两块砖整体的重心没有超过台面，就不会从平台上掉下来。所以 PQ 的长度是

$$12+6=18\ (\text{cm}).$$

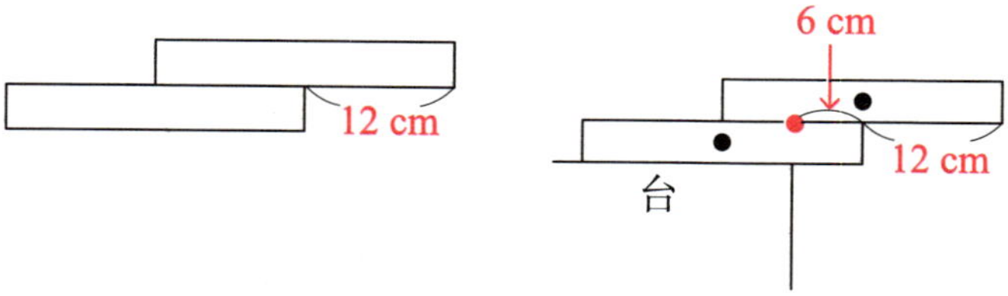

答案：18 cm

问题 33

用电炉烧开 300 mL 水需要 20 min。如果把水加到 900 mL，电炉的火力（同一时间能给予水的热量）调大一倍，问多久能把水烧开？假设电炉产生的热量全部被水吸收。

提示

将已知数据计入表格中进行比较。思考一下水量和火力与时间之间是成正比关系还是成反比关系？

	水（mL）	火力	时间（min）
调整前	300	1	20
	↓ ×3 ↓	↓ ×2 ↓	↓ × ? ÷ ? ↓
调整后	900	2	

回答：

水越多，烧开需要的时间越长。

水量和时间成正比关系（水量增至3倍，所需时间变成3倍）。

火力越强，所需时间越短。

火力和时间成反比关系（火力增加1倍，所需时间减少一半）。

由此，可记录成如下表格。

	水（mL）	火力	时间（min）
调整前	300	1	20
	↓ ×3 ↓	↓ ×2 ↓	↓ × 3 ÷ 2 ↓
调整后	900	2	30

答案：30 min

问题 34

测量球从斜面滚下来撞击木块后木块移动的距离，发现木块移动的距离与球开始滚动时放置的高度和球的质量成正比。

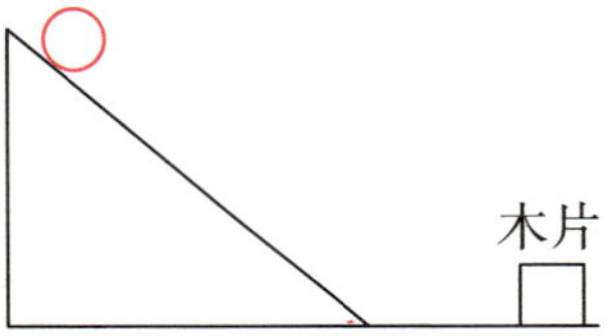

当 100 g 的球从 24 cm 的高度滚到木块上时，木块移动了 15 cm。如果把 50 g 的球从 32 cm 的高度滚下去，木块会移动多少呢？

提示

把数据填入下表中。

球的质量（g）	发球的高度(cm)	木块移动的距离（cm）
100	24	15
↓ × □	↓ × □	↓ × □ × □
50	32	

回答：

答案与解析 ▶ 问题 34

球的冲击力会使木块移动，这个力量与开始滚动时球的高度和球本身的质量成正比。

只要写出开始滚动时球的高度以及球的质量是原来的几倍就可以得出答案了。

球的质量（g）	发球的高度（cm）	木片移动的距离（cm）
100	24	15
↓ $\times \frac{1}{2}$	↓ $\times \frac{4}{3}$	↓ $\times \frac{1}{2} \times \frac{4}{3}$
50	32	10

答案：10 cm

问题 35

改变摆的长度、秤砣的质量、提起的高度，观察秤砣撞击木块时木块移动的距离，将数据记录在表格中。

请问，摆的长度和木块移动的距离有什么关系？另外，表格中的空白处应该填入什么数字？

	摆的长度（cm）	秤砣提起的高度（cm）	秤砣的质量（g）	木块移动的距离（cm）
A	50	10	100	18
B	50	15	100	27
C	75	20	100	36
D	75	15	200	54
E	100	10	100	18
F	200	5	300	

需仔细考虑！（例如，比较一下 A 和 E……）

提示

	摆的长度（cm）	秤砣提起的高度（cm）	秤砣的质量（g）	木块移动的距离（cm）
A	50	10	100	18
	↓×□	↓×□	↓×□	↓×□×□
F	200	5	300	

回答：

答案与解析 ▶ 问题35

比较 A 和 E，发现除了摆的长度以外，其他条件都一样，结果也一样。也就是说，摆的长度不会影响木块的移动距离。

比较 A 和 B，得知秤砣提起的高度与木块移动的距离成正比。

比较 B 和 D，得知秤砣的质量与木块移动的距离成正比。

	摆的长度（cm）	秤砣提起的高度（cm）	秤砣的质量（g）	木块移动的距离（cm）
A	50	10	100	18
	↓ × 4	↓ × 0.5	↓ × 3	↓ × 0.5 × 3
F	200	5	300	27

答案：摆的长度与木块移动的距离没有关系，空白处的数据为 27

问题 36

测弦器上，通过改变琴弦的长度、横截面积（粗细）和秤砣的质量，比较琴弦发出的音调高低。发现 A、C、E 发出的音调是相同的。问还有哪一根琴弦与 A、C、E 发出的音调相同？

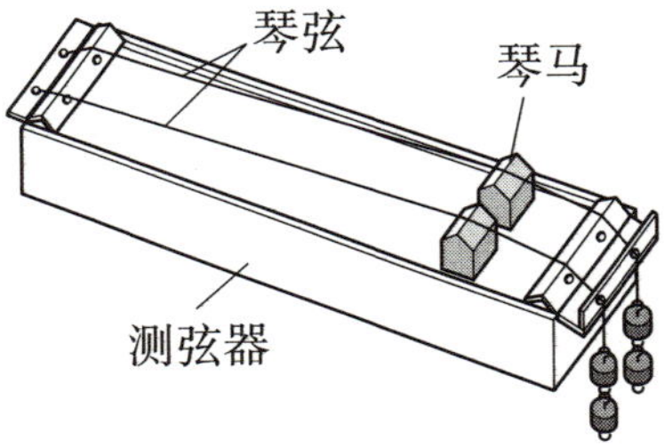

	长度（cm）	横截面积（cm^2）	秤砣的质量（g）
A	10	0.4	100
B	10	0.8	100
C	20	0.4	400
D	20	0.4	200
E	20	0.2	200
F	40	0.8	800
G	40	0.2	800

回答：

答案与解析 ▸ 问题 36

比较一下数据，看看琴弦的长度、横截面积（粗细）和秤砣的质量分别与音调有什么关系。

首先比较 A 和 C。

	长度（cm）	横截面积（cm^2）	秤砣的质量（g）
A	10	0.4	100
C	20 ×2	0.4	400 ×4

琴弦的长度变成 2 倍，秤砣质量变成 2^2 倍时，音调是相同的。

然后比较 C 和 E。

	长度（cm）	横截面积（cm^2）	秤砣的质量（g）
C	20	0.4	400
E	20	0.2 $\times\frac{1}{2}$	200 $\times\frac{1}{2}$

琴弦的横截面积（粗细）变为一半，秤砣质量也变为一半时，音调也是相同的。

G 满足了这些条件，所以另一个相同音调的就是 G 了。

	长度（cm）	横截面积（cm^2）	秤砣的质量（g）
E	20	0.2	200
G	40 ×2	0.2	800 ×4

答案：G

问题 37

如图所示，铅球从斜面上不同高度滚下后在 P 点抛出，观察其分别到达地板上的落点。下表中记录了铅球的质量、开始滚动时的高度、从 P 点抛出后落点与 P 点正下方 Q 点间的距离（被抛出的距离）。请问：表格中空白处的数字是什么？

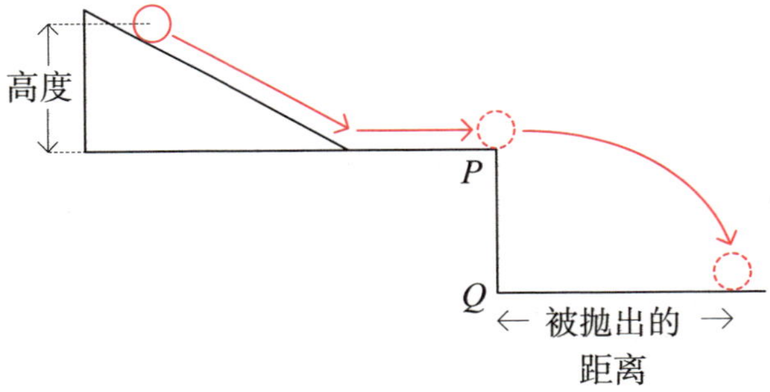

	铅球的质量（g）	铅球滚下时的高度(cm）	被抛出的距离（cm）
A	100	20	15
B	100	40	21
C	200	20	15
D	200	80	30
E	150	180	45
F	300	160	

回答：

将铅球的质量、滚下时的高度以及被抛出的距离整理在下表中。

比较 A 和 C 。

	铅球的质量（g）	铅球滚下时的高度（cm）	被抛出的距离（cm）
A	100	20	15
C	200	20	15

由上表可知，即使铅球的质量发生了变化，如果铅球滚下时的高度相同，被抛出的距离也是一样的。

比较 C 、D 、E。

	铅球的质量（g）	铅球滚下时的高度（cm）	被抛出的距离（cm）
C	200	20	15
D	200	80 ↙ $\times 2^2$	30 ↙ $\times 2$
E	150	180 ↙ $\times 3^2$	45 ↙ $\times 3$

由上表可知，当铅球滚下时的高度为原来的 2^2 倍时，被抛出的距离为原来的 2 倍；滚下时的高度为原来的 3^2 倍时，被抛出的距离为原来的 3 倍。

比较 B 和 F 。

	铅球的质量（g）	铅球滚下时的高度（cm）	被抛出的距离（cm）
B	100	40	21
F	300	160 ↙ $\times 2^2$	↙ $\times 2$

由此可知，可知被抛出的距离为

$$21 \times 2 = 42\ (\text{cm}).$$

答案：42

问题 38

用 10 cm 长的电热丝将 2 节干电池串联起来，加热烧杯中的 50 mL 水，1 min 后水温上升了 2 ℃。

关于这个实验，已知的是：

· 发热量与串联的干电池节数的平方成正比；

· 发热量与电热丝的长度成反比。

如果用 30 cm 长的电热丝将 3 节干电池串联起来，放入盛有 500 mL 15 ℃水的水槽中 10 min，请问：水温会达到多少 ℃？

回答：

答案与解析 ▶ 问题 38

干电池的节数（节）	电热丝的长度（cm）	时间（min）	产生的热量（水的体积 × 上升的温度）
2	10	1	$50\times2=\boxed{100}$
↓ ÷2			
1	10	1	$\boxed{100}\div2^2=\boxed{25}$
↓ ×3	↓ ×3	↓ ×10	
3	30	10	$25\times3^2\div3\times10=\boxed{750}$

水的体积 × 上升的温度 =750，

现在水的体积是 500 mL，水温应该会上升

$$750\div500=1.5\ (℃),$$

所以，

$$15\ ℃+1.5\ ℃=16.5\ ℃.$$

答案：16.5 ℃

问题 39

某国的国王让金匠打造了一顶纯金皇冠。他将 950 g 的金子交给工匠，1 个月后工匠送来了皇冠。虽然国王很满意，但是有传言说工匠盗取黄金，在皇冠中掺了铜。国王生了疑心，于是把国内最能干的阿基米德叫来皇宫辨别真伪。国王告诉阿基米德的数据信息如下。

- 交给工匠的金子是 950 g，做好的王冠也是 950 g。
- 1 cm^3 金子的质量约为 19 g，1 cm^3 铜的质量约为 9 g。

阿基德斯出色地解决了这个难题，关键就在于"体积"。阿基米德测量出皇冠的体积（试想是怎么测量体积的呢）是 70 cm^3。

如果用的是足金，1 cm^3 金子的质量约为 19 g，那么皇冠的体积应该是 $950 \div 19=50$ cm^3 才对。

请问，工匠在皇冠里掺了铜的体积是多少？

回答：

答案与解析 ▶ 问题 39

大家可知道这道题可以用算术中的“鸡兔同笼算法”来解？

如果 70 cm^3 的皇冠是足金打造的，需要的黄金应该是

$$19 \times 7=1330\ (g).$$

而实际上只有 950 g 黄金，势必质量不足，即少了

$$1330-950=380\ (g).$$

将 1 cm^3 的黄金换成铜，可减少质量

$$19-9=10\ (g).$$

那么，被换成铜的黄金就是

$$380 \div 10=38\ (cm^3).$$

顺便说一下阿基米德测量皇冠体积的方法：就是把皇冠沉在装满水的木桶里，然后测量溢出的水的体积。

答案：38 cm^3

问题 40

使用如图所示的装置进行光实验。

暗室中，用镜子把发光器发射出来的光反射到屏幕上。这是一面双面镜，每 1 s 逆时针旋转一圈，只有像图中穿过狭缝的反射光才能投映到屏幕上。发光器每 0.7 s 发射一束光。下图表现的是光线照射在旋转的镜子上反射后投映到屏幕上的瞬间。

请问：光每隔几秒会投映到屏幕上一次？

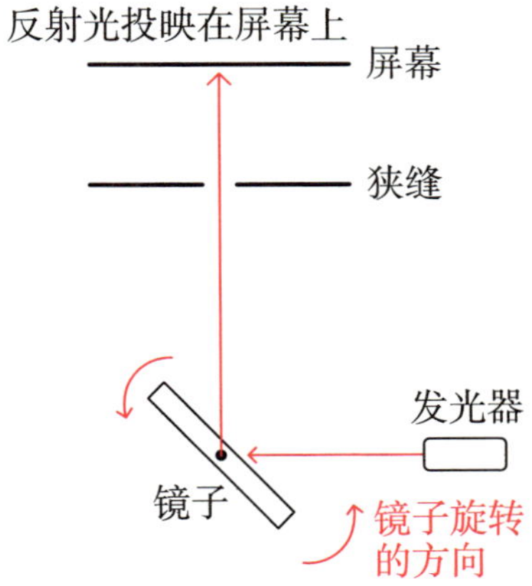

回答：

需要注意的是，镜子是双面镜。也就是说，每 1 s 转一圈的镜子，其实每半圈，也就是每 0.5 s 就会出现一次图中的状态。

而光束是每 0.7 s 发射一次，因此当反射镜处于图中所示状态，也就是每 0.5 s 和光束发射的每 0.7 s 的公倍数，即每 3.5 s，反射光就会投映在屏幕上。

答案：3.5 s

问题 41

这里有许多个正方体，分别是边长为 1 cm 的铁块（重 8 g）和边长为 1 cm 的铜块（重 9 g）。如果用 27 个这样的正方体组合成一个边长为 3 cm 的立方体，如图所示，总质量为 233 g，请问其中共用了多少个铜块？

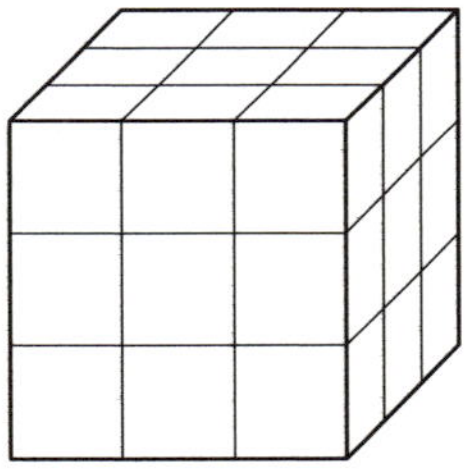

回答：

制表思考。

铁块的数量（个）	27	26	25	…	
铜块的数量（个）	0	1	2	…	
质量（g）	216	217	218	…	233

铁块和铜块的质量相差 1 g，如果减少一个铁块、增加一个铜块，总质量将增加 1 g。所以铜块的数量是

（233−216）÷（9−8）=17（个）.

答案：17 个

问题 42

如图 1 所示，往水槽中注水，使活塞浮于水槽两侧水面上。此时，左右水面（活塞的下表面）高度相同。活塞可以自由上下移动。水槽左侧水面的横截面积为 20 cm^2，右侧水面的横截面积是 35 cm^2。现在，如图 2 所示，在左右活塞上放置重物，左右水面高度保持一致。这是因为左右两侧的水面压强（每 1 cm^2 所承受的压力）相同的缘故。

$$\text{左侧：} 100 \div 20 = 5\ (g/cm^2),$$

$$\text{右侧：} 175 \div 35 = 5\ (g/cm^2).$$

接下来，取出右边的重物，如图 3 所示。请问此时左右水面的高度差（图中的 x）是多少厘米？假设 1 cm^3 水的质量为 1 g。

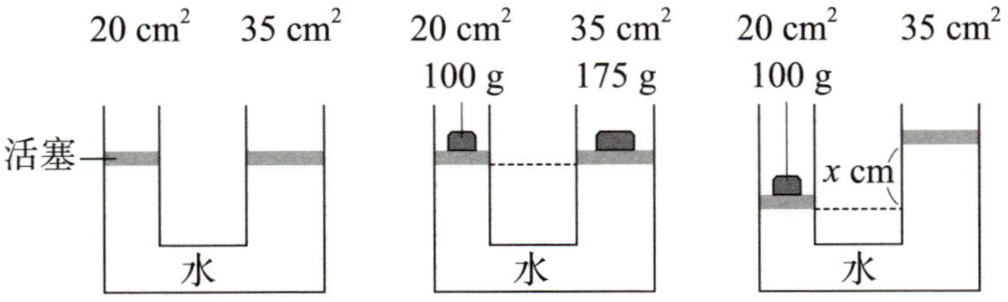

图1　图2　图3

回答：

左侧的水面下降，右侧的水面上升。比左侧水面高出的右侧上部的水，起到了 175 g 重物同样的作用。也就是说下图中红色部分的水的质量是 175 g，1 cm^3 水的质量是 1 g，那么水的体积就是 175 cm^3。

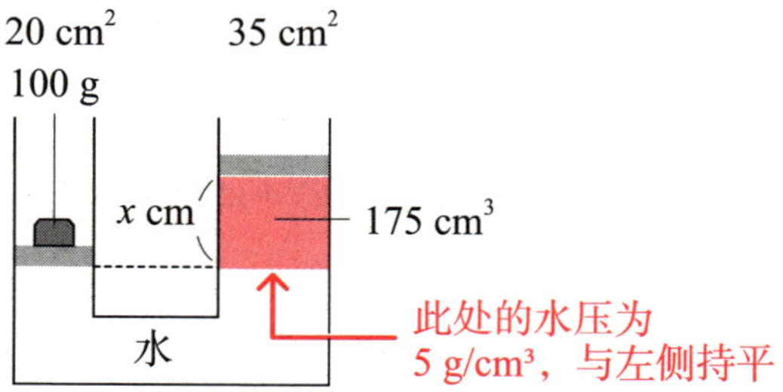

右侧水面的横截面积是 35 cm^2，x 为

$$175 \div 35=5\ (\text{cm}).$$

顺便说一下，由于左右压强（施加在 1 cm^2 上的压力）相同，所以只考虑压力为 5 g/cm^2，无须计算也能得出左右水位差是 5 cm。（参见下图）

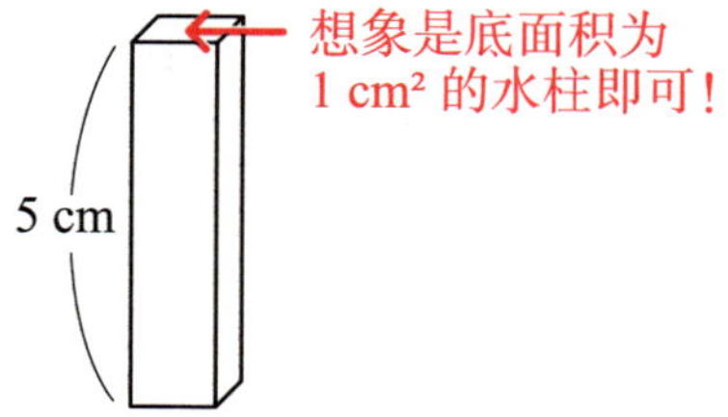

问题 43

一定温度下，声音在空气中的传播速度是 340 m/s。现在，一艘轮船以 20 m/s 的速度向码头方向前进，持续鸣笛 8.5 s。请问码头上的人听到的是多长时间的汽笛声？

码头上能听到的汽笛声的时长

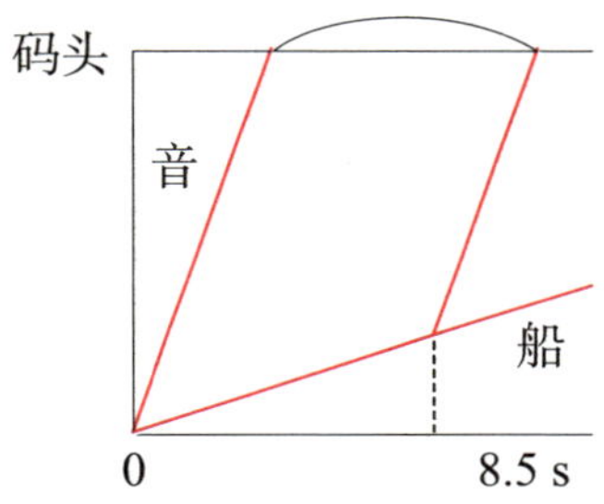

提示

基本想法是，声音和船的速度比是

$$340 : 20 = 17 : 1.$$

速度越快，走相同距离所需的时间越短，速度和所需时间成反比关系。

$$速度\ 2\ 倍 \rightarrow 所需时间\frac{1}{2}$$

$$速度\ 3\ 倍 \rightarrow 需要时间\frac{1}{3}$$

……

回答：

答案与解析 ▶ 问题 43

画一张坐标图（如图 1 所示），纵轴表示船开始鸣笛时的位置到码头的距离，横轴表示时间。

声音的传播速度比船的行驶速度要快很多，所以马上就能到达码头。鸣笛时长是 8.5 s，但码头上的人听到的并没有 8.5 s，而是较之稍微短一点（如图 2 所示）。

该时长的求法，可以利用声音与船的速度比来进行思考。

声速 340 m/s：船的速度 20 m/s=17 ： 1

前进相同距离所需的时间比是：

声音：船 =1 ： 17

到达图 3 中 *A* 点所需的时间，船是图 3 中的⑰，声音是图 3 中的①。

⑰=8.5（s），①=0.5（s）.

也就是说，码头上的人会少听到①时长的汽笛声。

⑯=8（s）.

答案：8 s

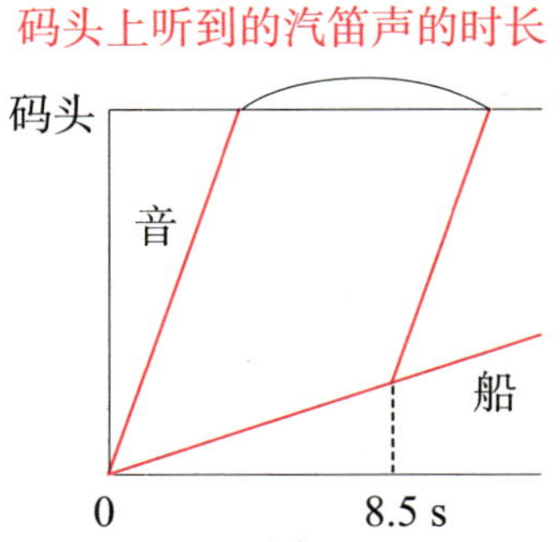

图1

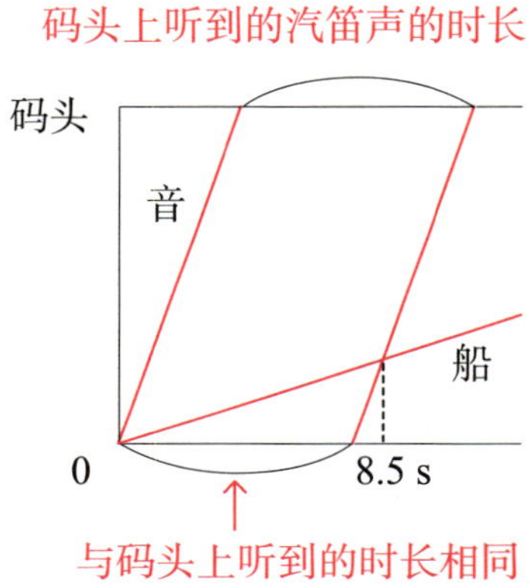

图2

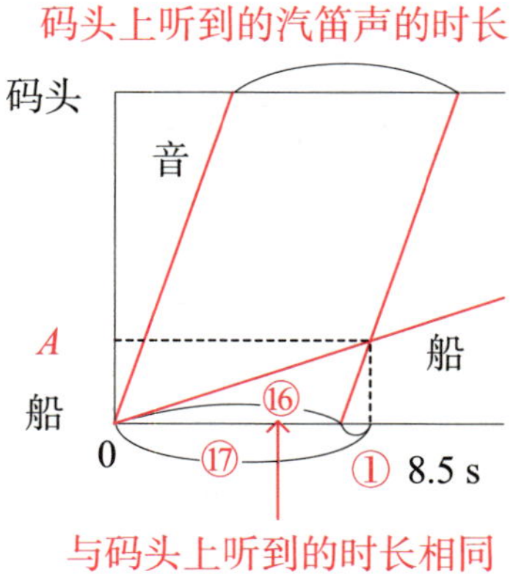

图3

问题 44

一定温度下，声音在空气中的传播速度是 340 m/s。现在，一艘轮船以 20 m/s 的速度向码头方向前进，持续 9 s 发出汽笛声。汽笛声经码头反射，回到轮船甲板上。请问甲板上的人听到反射音的时长是多少？

提示

制成如下坐标图。

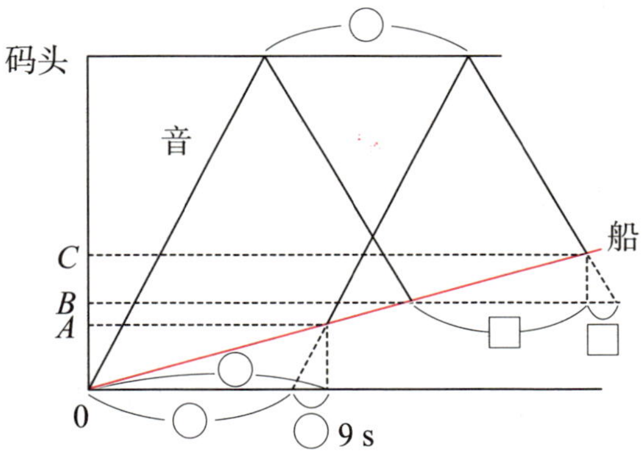

基本思考方向是，声音和船的速度比是

$$340 : 20 = 17 : 1,$$

所以前进同一距离所需时间比是

$$声音 : 船 = 1 : 17.$$

想办法填出坐标图中○和□内的数字。

回答：

正确填出坐标图中的数字。

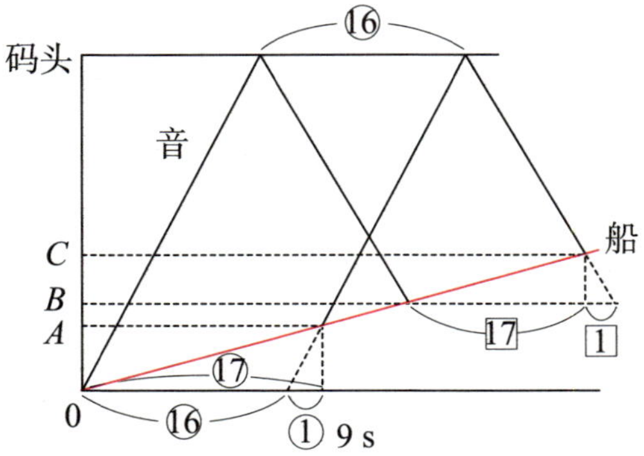

首先，船开始鸣笛时所在的位置到 A 点所需的时间：

船：声音＝17 ：1.

也就是说，码头上能听到的汽笛声的时长是 9 s 的$\frac{16}{17}$。

然后，从开始听到反射音的点（图中 B 点）行进到最后听到反射音的点（图中 C 点）所需要的时间：

船：声音＝17 ：1.

也就是说，在船上听到的反射音的时长相当于在码头听到的时长的$\frac{17}{18}$。因此，船上听到反射音的时长是

$$9\times\frac{16}{17}\times\frac{17}{18}=8\text{（s）}.$$

答案：8 s

问题 45

将装有热水的烧杯放入冷水槽中，测量温度的变化。得知：

· 热水的热量会转移到冷水里。
· 最终，烧杯内外的水温会变成一样。

如果将装有 240 mL 80 ℃热水的烧杯放入 960 mL 20 ℃的冷水槽中，待冷热水的水温一致时，水温是多少度？

请不要使用温度计，试用坐标图来解题吧。

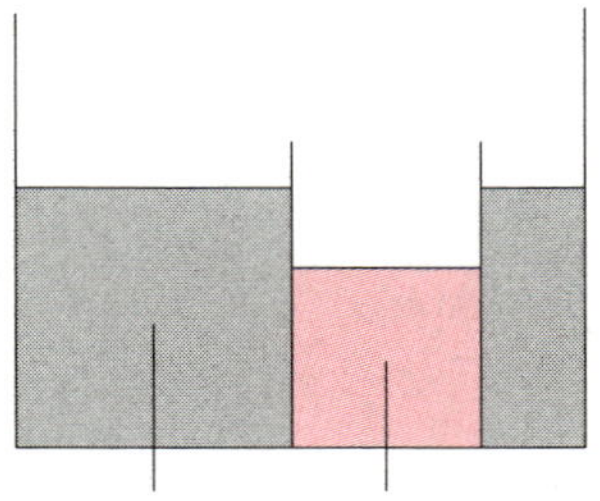

回答：

答案与解析 ▶ 问题45

将水温变化制成坐标图。

热水的质量和冷水的质量比是

$$240\ \text{mL} : 960\ \text{mL} = 1 : 4,$$

那么温度变化比则是 4 ∶ 1。

$$80 - 20 = 60\ (℃),$$

$$60 \times \frac{1}{4+1} = 12\ (℃),$$

$$20 + 12 = 32\ (℃).$$

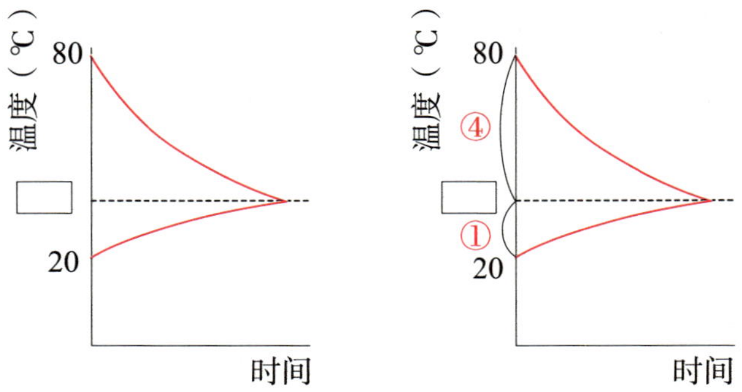

答案：32 ℃

问题 46

液体里的物体受到向上的浮力，浮力的大小等于物体排开液体的重力。我们在水里身体会自然浮起来，会感觉身体很轻，就是这个道理。现在，把质量为 240 g 的木块放入水中，如下图所示。当木块整体的 80% 沉入水中时停止了继续下沉。问该木块的体积是多少？假设 1 mL 水的质量为 1 g。

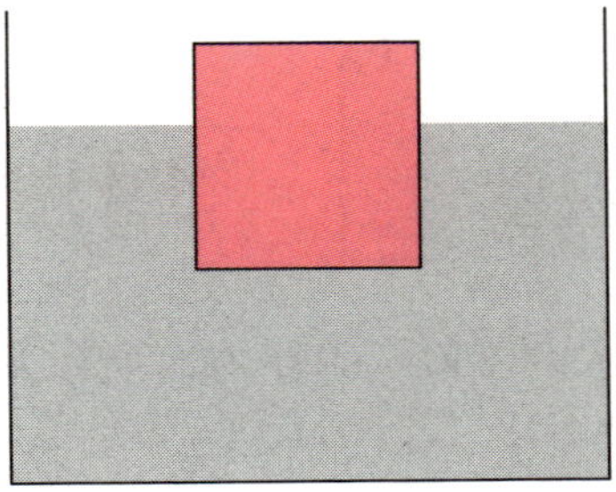

回答：

答案与解析 ▶ 问题 46

已知“浮力的大小等于物体排开液体的重力”，但并不知道排开了多少体积的水。想想 240 g 的物体浮在水面上是怎样的情形呢？该物体没有沉入水底，而是静止浮在水中，就好像是放在桌面上一样。而物体之所以能在桌面上静止，是因为有来自桌面向上的 240 g 的力支撑着。水也起到同样的作用。

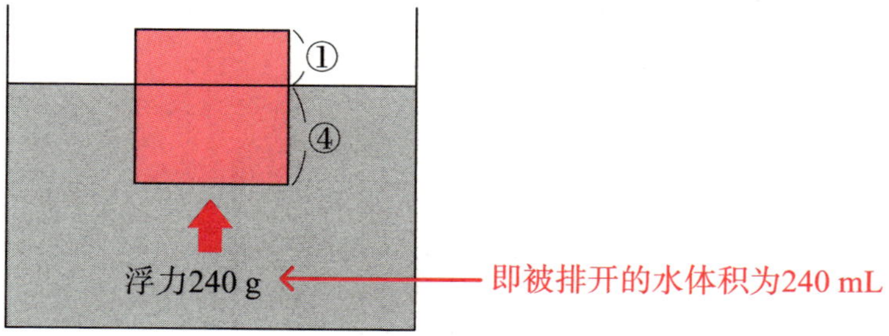

因为受到来自水的 240 g 的浮力，所以水被排开了 240 mL。此时沉在水中的是物体 80% 的体积，即物体该部分的体积为 240 cm^3（1 mL=1 cm^3），而水面上下两部分的体积比是 1 ∶ 4，所以物体整体的体积就是

$$240 \times \frac{5}{4} = 300\ (cm^3).$$

答案：300 cm^3

问题 47

想象电视、电影的画面中，汽车在高速行驶时，为什么车轮看上去是停止的，有时候还会向后转呢？

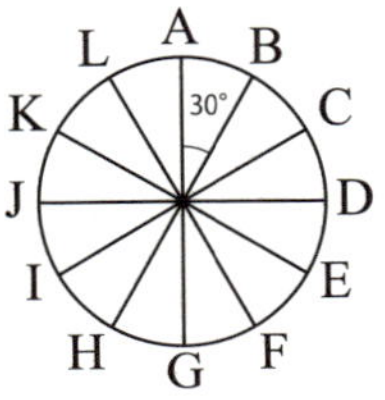

图1

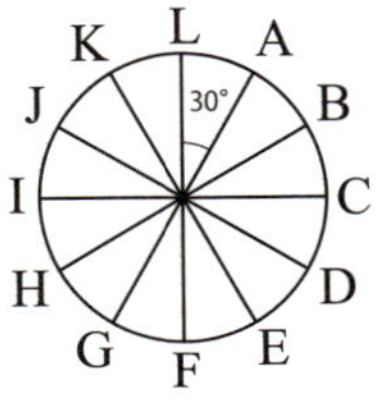

图2

现在，让图 1 所示的车轮以 2 圈 /s 的速度顺时针转动，同时用 24 帧 /s 的摄影机进行拍摄。车轮在 1 s 内转了

$$360 \times 2=720°,$$

而每个镜头中的车轮只不过转动了

$$720 \times \frac{1}{24}=30°.$$

于是，前一个镜头中（图 1）车轮的 A 轴，在下一个镜头（图 2）时换到了原先 B 轴的位置。整组镜头中几乎无法分辨各轴。所以，车轮在视频中看上去仿佛是静止的。

那么，如果以 3.5 圈 /s 的速度让车轮顺时针转动，同时用 24 帧 /s 的照相机进行拍摄，车轮看起来又会是怎样的状态呢？

A. 顺时针方向慢慢转动

B. 逆时针旋转慢慢转动

C. 停止状态

回答：

车轮每秒转 3.5 圈，换算成角度就是

$$360° \times 3.5=1260°.$$

每个镜头中车轮的转动角度是

$$1260° \times \frac{1}{24}=52.5°.$$

车轮从原先的状态到转动 52.5°，显示的状态如下图所示。

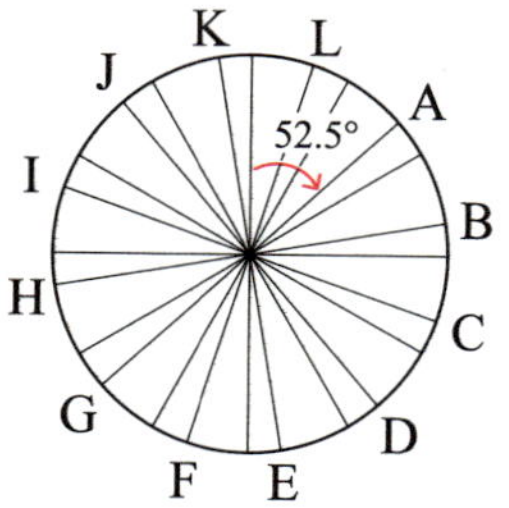

此时，图中的 A 轴是顺时针转动 52.5°后的位置，但是看画面的人却不这么认为，因为这时的 A 轴处在原先的 C 轴逆时针退回了

$$60°-52.5°=7.5°$$

所在的位置，所以会有 C 轴逆时针往后退了 7.5°的错觉。

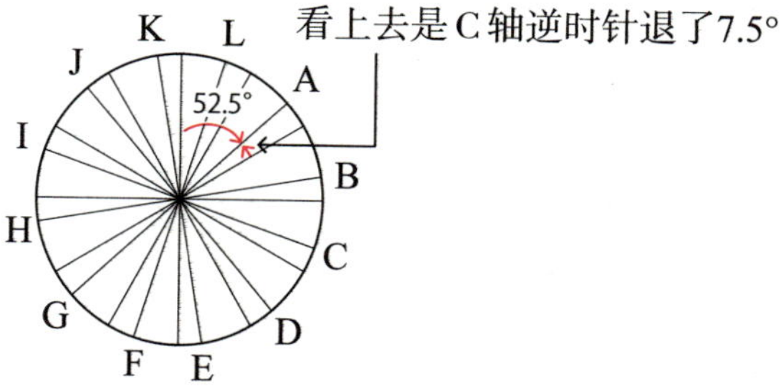

如此这般，就会产生一种错觉，仿佛上一帧画面中最近的一个点在移动，从而车轮看起来像是在向相反的方向转动。

答案：B

问题 48

下面用复印纸和圆珠笔做一个试验。圆珠笔比复印纸重，从同一高度同时释放复印纸和圆珠笔，圆珠笔会先落到地面。所以有人认为“越重的东西下落得越快”。如果有一个装置，它能准确测出从释放到物体到达地面的时间。利用这个装置能证明此人的想法是错误的吗？

回答：

答案与解析 ▶ 问题 48

复印纸与圆珠笔相比，更容易受到空气的阻力，它是飘落而下的，所以比较花时间。

我们使用特殊装置，准确测出圆珠笔和复印纸从同一高度落下后到达地面所需的时间，假如结果如下：

	圆珠笔	复印纸（保持原样）	复印纸（揉成团）
到达地面所需时间（s）	0.40	2.27	0.45

复印纸揉成团后，受到的空气阻力变小了，下降速度接近圆珠笔，但还是可以看出，与圆珠笔相比，它受到的空气阻力更大一些。在此，用复印纸把圆珠笔裹起来，当成“一体”来考虑，它的质量是“圆珠笔＋复印纸”，会比单支圆珠笔稍微重一些。如果此人的想法是对的，按理应该比单支圆珠笔以更短的时间到达地面。但实际上，因为空气阻力变大，反而比单支圆珠笔花费更长的时间才落地。这就可以证明此人的“越重的东西下落得越快”的想法是不正确的。

答案：可以证明

主题四

化　学

问题 49

燃烧 1 cm³ 的气体 A 会产生 2 cm³ 的二氧化碳，燃烧 1 cm³ 的气体 B 会产生 3 cm³ 的二氧化碳。现在，将 12 cm³ 的气体 A 与 12 cm³ 气体 B 的混合后燃烧，当气体 A 已完全燃尽时，气体 B 还有剩余，燃烧共产生 45 cm³ 的二氧化碳。问剩余气体 B 的体积是多少？

回答：

气体 A 燃烧产生的二氧化碳（cm^3）	24	24	24	24	…	24
燃烧的气体 B（cm^3）	0	1	2	3	…	
气体 B 燃烧产生的二氧化碳（cm^3）	0	3	6	9	…	
二氧化碳的总量（cm^3）	24	27	30	33	…	45

气体 A 完全燃烧产生的二氧化碳为

$$12\times2=24\ (cm^3),$$

1 cm^3 的气体 B 燃烧时产生 3 cm^3 的二氧化碳，已燃烧的气体 B 为

$$(45-24)\div3=7\ (cm^3),$$

因此，剩余的气体 B 体积为

$$12-7=5\ (cm^3).$$

答案：5 cm^3

问题 50

燃烧某物质 3 g，产生 11 g 二氧化碳。燃烧该物质 24 g，未完全燃烧的剩余物和二氧化碳的混合体共计 64 g。问未燃烧的剩余物质的质量是多少？

回答：

答案与解析 ▶ 问题 50

24 g 物质完全燃烧的情况下，将产生二氧化碳

$$24\times\frac{11}{3}=88\ (g),$$

但事实并非如此。而且，64 g 是剩余物质和二氧化碳的总和，所以有必要整理一下。

燃烧的物质（g）	0	3	6	…	9.111
产生的二氧化碳（g）	0	11	22	…	
剩余物质（g）	24	21	18	…	
合计（g）	24	32	40	…	64

+8　+8

由上表可知，已燃烧的物质为

$$(64-24)\div 8=5,$$

$$3\times 5=15\ (g).$$

那么，未燃烧的剩余物质有

$$24-15=9\ (g).$$

答案：9 g

问题 51

以下坐标图展示的是一定浓度的盐酸与氢氧化钠水溶液发生中和反应时的量的关系。在图中 *A* 点条件下，加热中和后的水溶液，水分蒸发后剩余了 3 g 食盐。

问，如果把 80 mL 的盐酸和 90 mL 的氢氧化钠水溶液中和，生成的食盐质量为多少？

（中和指的是酸和碱反应，生成水和盐的现象。溶于盐酸的溶质氯化氢是气体，溶于氢氧化钠水溶液中的氢氧化钠是固体。）

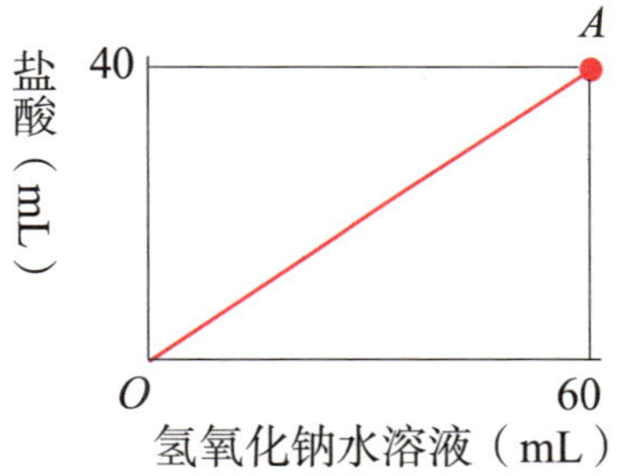

提示

一方再多，如果另一方少的话，也不会完全反应。就像不管咖喱有多少，如果米饭只有一点点，也只能做出一点点咖喱饭。不妨用这种“咖喱米饭原则”来进行思考。

回答：

在上图的 A 点时，40 mL 的盐酸和 60 mL 的氢氧化钠水溶液中和后，可得到 3 g 食盐。我们把它记录入下表。

盐酸（mL）	氢氧化钠水溶液（mL）	食盐（g）
40	60	3
↓ ×2	↓ ×1.5	↓ ×□
80	90	

80 mL 盐酸和 90 mL 氢氧化钠水溶液的组合中，盐酸量是图中 A 条件下的 2 倍，氢氧化钠水溶液量是 1.5 倍。

根据“咖喱米饭原则”，虽然盐酸的量是 A 条件下的 2 倍，但氢氧化钠水溶液的量只有 A 条件下的 1.5 倍，生成的食盐量也只会是 A 条件下的 1.5 倍。

因此，可以生成的食盐量为

$$3 \times 1.5=4.5\text{（g）}.$$

答案：4.5 g

问题 52

在水中溶解 50 g 氢氧化钠，制成 1000 mL 的氢氧化钠水溶液。将氢氧化钠水溶液与一定浓度的盐酸混合，绘制出了中和反应中消耗盐酸与氢氧化钠水溶液的量的关系图。

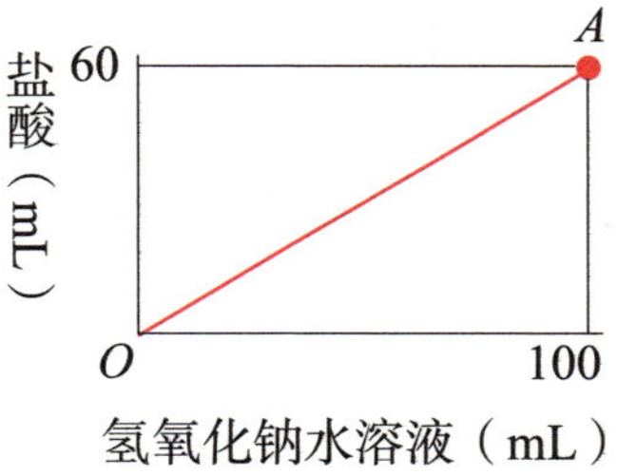

坐标图中 A 点条件下，加热中和的水溶液，水分蒸发后留下 7.5 g 白色固体。

将 100 mL 盐酸和 150 mL 氢氧化钠水溶液中和反应后的水溶液加热蒸发，请问会留下多少克的白色固体？

回答：

答案与解析 ▶ 问题 52

上图展示的是盐酸和氢氧化钠水溶液完全中和时的组合量，残留的白色固体是食盐。把已知条件写在下表中。

盐酸（mL）	氢氧化钠水溶液（mL）	食盐（g）
60	100	7.5

现在的问题条件是中和 100 mL 的盐酸和 150 mL 的氢氧化钠水溶液。继续填表对比。

盐酸（mL）	氢氧化钠水溶液（mL）	食盐（g）
60	100	7.5
↓ $\times \frac{5}{3}$	↓ ×1.5	↓ × □
100	150	

根据“咖喱米饭原则”，按量小的一方推算，可以得出最终的食盐量是

$$7.5 \times 1.5 = 11.25\text{（g）}.$$

$\frac{5}{3}$比 1.5 大，所以是加入了过量的盐酸。不过，因为盐酸是气体的水溶液，所以除食盐以外不会有其他固体残留。

答案：11.25 g

问题 53

下表展示的是某固体物质 A 在 100 mL 水中的最大溶解量（溶解度）。让该物质最大量地溶解在 270 mL 温度为 80 ℃的水中，然后将温度降至 20 ℃。问，液体中会出现多少克不能溶解的物质 A？

温度（℃）	0	20	40	60	80	100
溶解度（g）	3	5	10	15	25	40

提示

是不是不知道溶解在 270 mL 温度为 80 ℃的水中的物质 A 的质量，就不能计算出来了呢？

回答：

答案与解析 ▶ 问题 53

计算溶解度问题时的常用方法是将“水温”“水量”“溶解度”进行整理。

水温（℃）	水量（mL）	溶解度（g）
80	100	25
	↓ ×2.7	↓ ×2.7
80	270	67.5

水温（℃）	水量（mL）	溶解度（g）
20	100	5
	↓ ×2.7	↓ ×2.7
20	270	13.5

答案是

$$67.5-13.5=54\ (\mathrm{g}).$$

答案：54 g

问题 54

相同体积的甲烷、乙烷和丙烷燃烧时产生的二氧化碳的质量和热量如下表所示。根据该数据判断，使用这三种气体作为燃料，效率最高的是哪种气体？

燃气种类	二氧化碳（g）	产生的热量（kJ）
甲烷	44	890
乙烷	88	1560
丙烷	132	2220

回答：

答案与解析 ▸ 问题 54

生成等量的二氧化碳时，产生热量最多的燃料就是效率最高的。

燃气种类	二氧化碳（g）	产生的热量（kJ）
甲烷	44 → 132（×3）	890 → 2670（×3）
乙烷	88 → 132（×1.5）	1560 → 2340（×1.5）
丙烷	132	2220

从此可知，产生等量的二氧化碳时，发热量最高的是甲烷。

答案：甲烷

问题 55

某药粉 3 g 装的和 5 g 装的共 10 包，总质量是 42 g。请问其中 3 g 装的有几包？

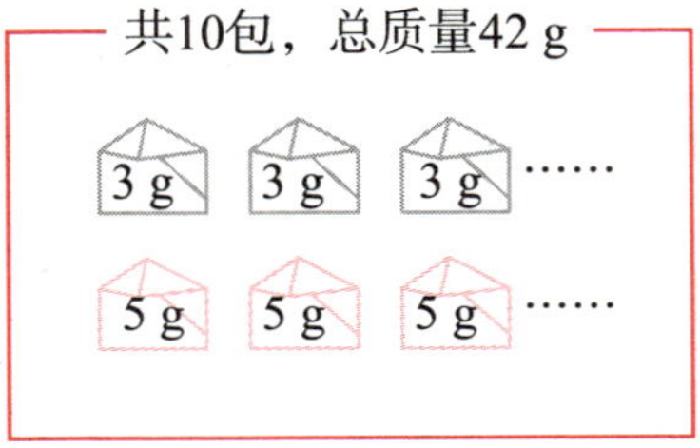

提示

可通过计算得出答案，也可利用表格。

3 g 装的（包）	10	9	8								
5 g 装的（包）	0	1	2								
总质量（g）	30										

回答：

答案与解析 ▶ 问题 55

完成下表即可得出答案。

3 g装的（包）	10	9	8	7	6	5	4	3	2	1	0
5 g装的（包）	0	1	2	3	4	5	6	7	8	9	10
总质量（g）	30	32	34	36	38	40	42	44	46	48	50

4 个 3 g 装的加 6 个 5 g 装的组合起来就能满足条件。

也可以用算数的“鸡兔同笼算法”来求解。

首先，假设 10 包都是 5 g 装的（上表最右列），

$$5\times 10=50\ (\text{g}),$$

每减少 1 个 5 g 装的，同时换成 1 个 3 g 装的，质量减少

$$5-3=2\ (\text{g}).$$

由此可知，现在的总质量是 42 g，即减少了

$$50-42=8\ (\text{g}),$$

那么只需要把

$$8\div(5-3)=4\ (\text{包})$$

5 g 装的换成 3 g 装的就可以了。

答案：4 包

问题 56

3 g 的镁燃烧时与空气中的氧结合，质量增至 5 g，4 g 的铜燃时与空气中的氧结合，质量也增至 5 g。现在，240 g 镁和铜的混合粉末在纯氧中完全燃烧后质量增至 360 g，问原来的混合粉末中铜的质量是多少？

提示

没有办法将 240 g 细分至每克作表求解，那就用算术法计算吧。如果 240 g 全部都是镁，质量会发生怎样的变化呢？

回答：

如果 240 g 全部都是镁，燃烧后的质量是

$$240\times\frac{5}{3}=400\ (g).$$

而现在的质量是 360 g，只需

$$400-360=40\ (g)$$

就可以了。

1 g 镁和氧结合后变成 $\frac{5}{3}$ g，1 g 铜和氧结合后变成 $\frac{5}{4}$ g。

如果把 1 g 镁换成 1 g 铜，燃烧后的质量会减少

$$\frac{5}{3}-\frac{5}{4}=\frac{5}{12}\ (g),$$

要减少 40 g 的质量，只需要把

$$40\div\frac{5}{12}=96\ (g)$$

的镁换成铜就可以了。

答案：96 g

问题 57

1 g 氢气在空气中完全燃烧产生 9 g 水蒸气。3 g 碳在空气中完全燃烧产生 11 g 二氧化碳。

现在，完全燃烧 12 g 由氢和碳制成的混合物质，产生了 76 g 水蒸气和二氧化碳的混合气体。请问，这 76 g 混合气体中的水蒸气的质量是多少？

回答：

答案与解析 ▸ 问题 57

首先，考虑一下原来的 12 g 混合物中所含氢的质量。

如果 12 g 全是碳，而 3 g 碳燃烧后会产生 11 g 的二氧化碳，那么 12 g 碳燃烧后就会产生二氧化碳

$$2\times\frac{11}{3}=44\text{（g）}.$$

而现在实际产生的混合气体是 76 g，所以我们需要增加

$$76-44=32\text{（g）}$$

的气体。

1 g 氢气燃烧时产生 9 g 水蒸气，那么燃烧 3 g 氢气就会产生 27 g 水蒸气。

如果把 3 g 碳换成 3 g 氢，产生的混合气体只会增加

$$27-11=16\text{（g）}.$$

显然我们需要做

$$32\div16=2\text{（次）}$$

交换才行。

于是得出，原有的 12 g 混合物中所含氢的质量是

$$3\times2=6\text{（g）}.$$

6 g 氢燃烧产生的水蒸气质量是

$$6\times9=54\text{（g）}.$$

答案：54 g

问题 58

下表展示的数据是某固体物质 A 在 100 g 水中的溶解度。该物质在 80 ℃条件下的饱和水溶液为 100 g。请问，此时水溶液中溶解的物质 A 的质量是多少？

温度（℃）	0	20	40	60	80	100
溶解度（g）	3	5	10	15	25	40

回答：

答案与解析 ▶ 问题 58

你可能会一不小心就回答说是“25 g”，但答案并非如此。已知 100 g 80 ℃的水中，物质 A 溶解 25 g，那么

$$80\ ℃的水:物质 A = 100\ g : 25\ g$$
$$= 4 : 1.$$

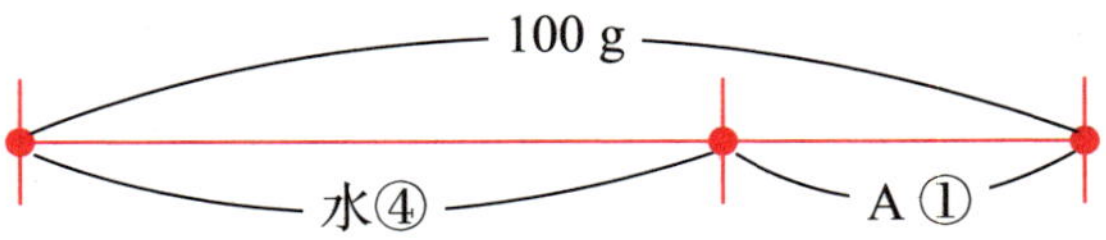

也就是说，在这个问题中，水和物质 A 的总和为 100 g。物质 A 的质量为

$$100 \times \frac{1}{4+1} = 20\ (g).$$

答案：20 g

问题 59

下表数据是某固体物质 A 溶于 100 g 水的溶解度。该物质在 80 ℃条件下的饱和水溶液为 1234 g。在保持该水溶液 80 ℃水温的条件下，蒸发 500 g 水之后溶液中析出了物质 A 的固体。问析出的固体质量是多少？

温度（℃）	0	20	40	60	80	100
溶解度（g）	3	5	10	15	25	40

提示

想想是否有必要计算溶于 1234 g 饱和溶液的物质 A 的质量。

回答：

答案与解析 ▶ 问题 59

是否需要计算溶于 1234 g 饱和溶液的物质 A 的质量呢？

其实在这道题中，应该注意的是“蒸发 500 g 水”这一条件。因为是饱和溶液，所以不可能再更多地溶解物质 A 了，于是水稍有蒸发，溶解在水里的物质 A 就会以固体的形式析出。

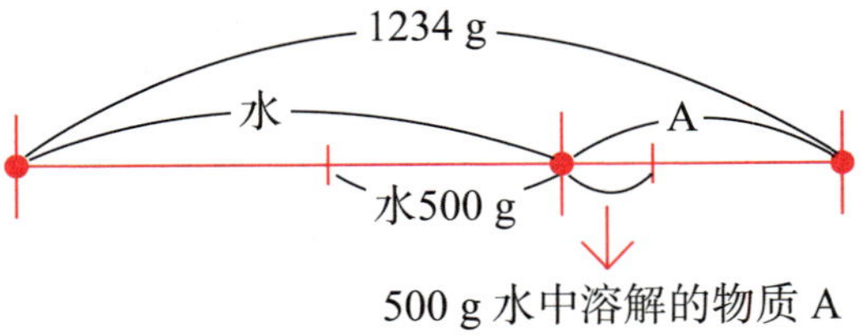

也就是说，回答这个问题，只需要计算蒸发的 500 g 水中溶解的物质 A 的质量就可以了。

已知 100 g 80 ℃的水中可溶解的物质 A 的质量是 25 g，所以

$$25 \times 5=125\ (\text{g})$$

就是析出的固体的质量。

答案：125 g

问题 60

120 mL 浓度为 5% 的盐酸与 150 mL 氢氧化钠水溶液 A 刚好中和，240 mL 浓度为 8% 的盐酸与 160 mL 氢氧化钠水溶液 B 刚好中和。

问氢氧化钠水溶液 A 和 B 的浓度比是多少？

回答：

答案与解析 ▶ 问题 60

如果将氢氧化钠水溶液 A 的浓度视作

$$5\% \times 120 \div 150 = 4\%,$$

B 的浓度也可以做同样考虑，视作

$$8\% \times 240 \div 160 = 12\%.$$

于是

$$4\% : 12\% = 1 : 3.$$

答案：1 : 3

问题 61

在 A、B 两个烧杯中分别放入 12 g 食盐，然后往烧杯 A 中加入 88 g 水，烧杯 B 中加入 48 g 水，均完全溶解。如果把这两个烧杯的盐水混合起来，那么其浓度会是多少呢？

提示

盐水的浓度可以用（食盐的质量 ÷ 盐水的质量 ×100%）来计算。

回答：

先不说制作两种盐水的过程，总之结果是

$$12 \times 2=24\ (\mathrm{g})$$

食盐和

$$88+48=136\ (\mathrm{g})$$

水混合而成的盐水。

盐水的浓度可以用（盐的质量 ÷ 盐水的质量 ×100%）来计算，于是

$$24 \div (24+136) \times 100\%=15\%.$$

答案：15%

问题 62

1 mL 水的质量为 1 g，1 mL 某液体 A 的质量为 0.8 g。现在，将水和液体 A 均匀地混合在一起，得到 0.92 g/mL 的溶液，问液体 A 和水的体积应该以多大的比例混合？请按“液体 A ：水”的格式回答。（液体的混合不会引起体积的变化。）

回答：

答案与解析 ▶ 问题 62

算术题中，把不同浓度的盐水混合在一起，求盐水的浓度时，通常使用“天平法”。

生成的溶液的密度应该接近混合溶液中含量更多的液体的密度，这是利用了天平的平衡原理来考虑。

生成的溶液的密度（0.92 g/mL）与液体 A 的密度（0.8 g/mL）之差为 0.12 g/mL，与水的密度（1 g/mL）之差为 0.08 g/mL。

$$0.12 : 0.08 = 3 : 2.$$

其反比 2 ： 3 就是液体 A 与水的体积比。

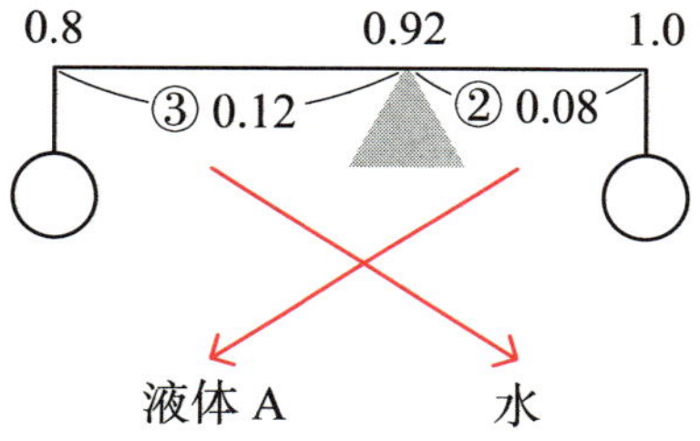

答案：2 ： 3

问题 63

在 50 mL 一定浓度的氢氧化钠水溶液中依次加入不同量的一定浓度的盐酸，然后称水分蒸发后留下的固体物的质量。结果如下表所示。

添加的盐酸（mL）	0	10	20	30	40	50
留下的固体物（g）	3.0	3.6	4.2	4.5	4.5	4.5

问完全中和 50 mL 氢氧化钠水溶液所需的盐酸体积是多少？

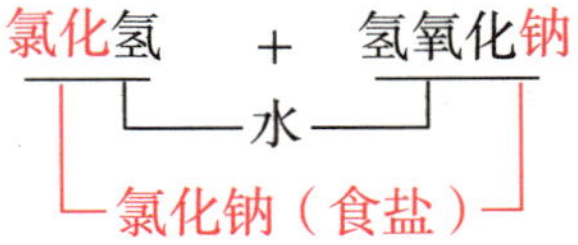

提示

使用坐标图求解。

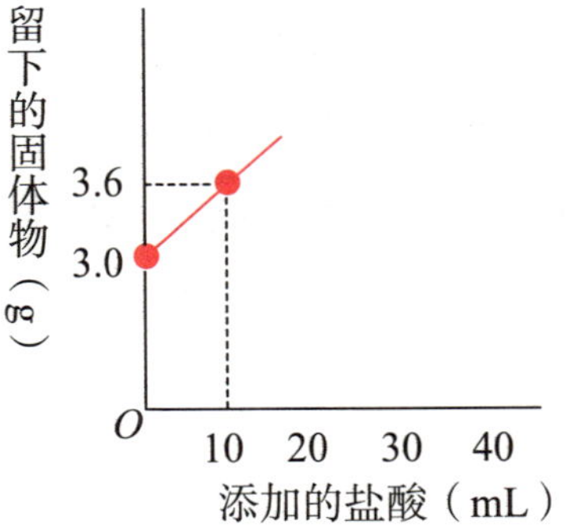

回答：

答案与解析 ▶ 问题 63

添加的盐酸（mL）	0	10	20	30	40	50
留下的固体物（g）	3.0	3.6	4.2	4.5	4.5	4.5

从上表可知，当依次加入 30 mL、40 mL 和 50 mL 盐酸时，固体并没有再增加。这是因为氢氧化钠溶液已经被完全中和，并加入了过多盐酸。盐酸的溶质（氯化氢）是气体，多余的溶质会在水分蒸发时随之挥发到空气中。制成坐标图，如下图所示。

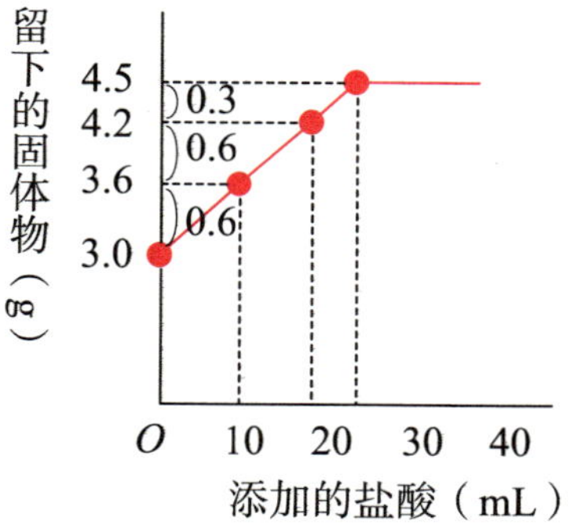

每添加 10 mL 盐酸，残留的固体会增加 0.6 g，而在添加 20 mL 和 30 mL 盐酸时，残留的固体物质量之差是 0.3 g，也就是说，这里添加的 10 mL 的盐酸中只中和了 5 mL。

$$20+5=25\ (\text{mL}).$$

答案：25 mL

问题 64

完全燃烧 2 L 气体 A 时，会消耗 1 L 氧气，产生 2 L 气体 B。

现在，燃烧 6 L 气体 A 与氧气的混合气体，气体 A 和氧气均完全燃烧，之后剩下 5 L 气体。

问最初的混合气体中，气体 A 和氧气各含有多少？（答案有两种。）

提示

只要条件充分，这道题可以利用图表方式来解答。开始填表吧。

气体 A（L）	6	5	4	3	2	1	0
氧气（L）	0	1	2	3	4	5	6
残留气体（L）							

首先注意气体 A 和氧气以 2 ： 1 的比例结合，产生“2 份”气体 B，然后再考虑哪种气体会剩下多少。

回答：

答案与解析 ▸ 问题 64

在完成表格时，需要考虑以下两点：首先，如果是 6 L 纯气体 A，或者 6 L 纯氧气，那它们都不会燃烧，气体 A 或氧气将原封不动地留下来。其次，气体 A 和氧气以 2 ∶ 1 的比例结合，可产生“2 份”气体 B。最后，思考一下各种气体分别会留下多少吧。

5 L 气体 A 的情况

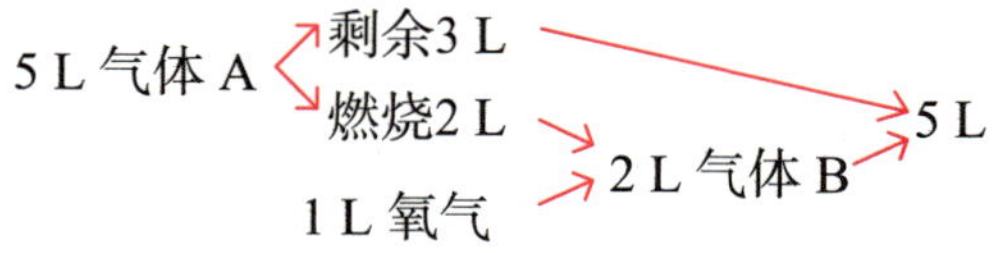

4 L 气体 A 的情况

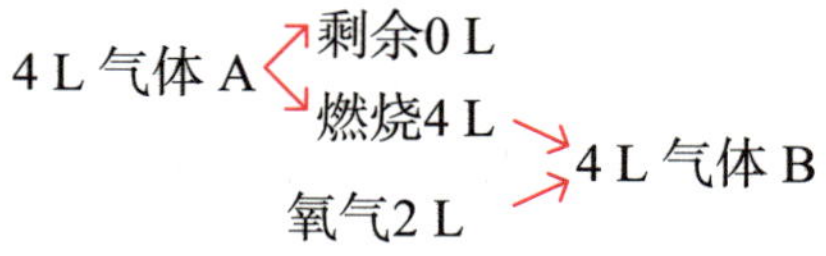

3 L 气体 A 的情况

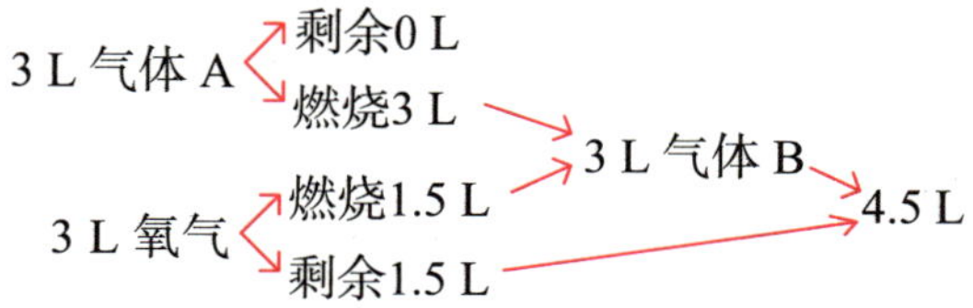

2 L 气体 A 的情况

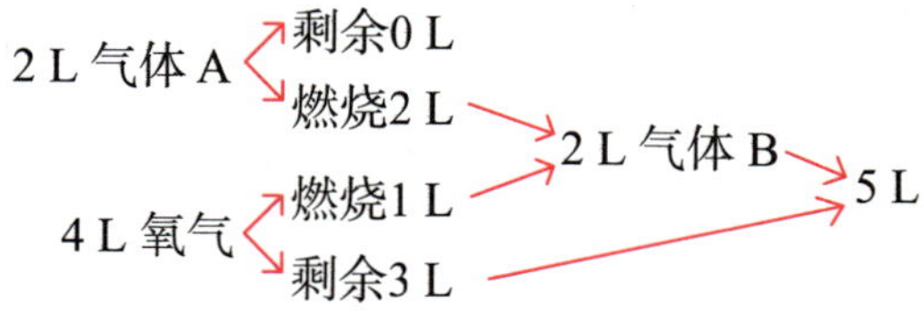

1 L 气体 A 的情况

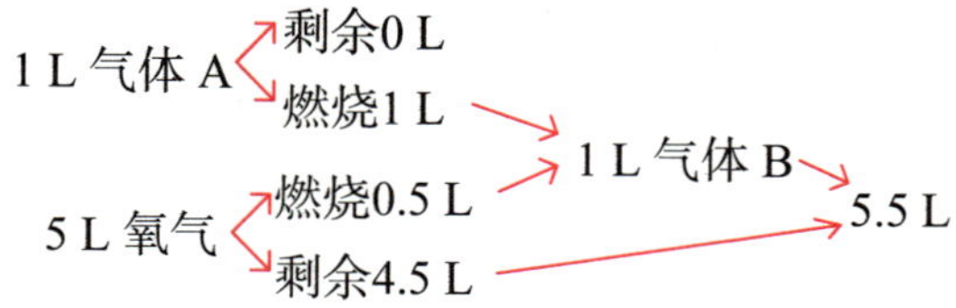

事实上，气体 A 是氢气，燃烧后产生的气体 B 是水蒸气。

答案：5 L 气体 A，1 L 氧气；2 L 气体 A，4 L 氧气

问题 65

完全燃烧 2 L 氢气时，它会与 1 L 氧气结合产生 2 L 水蒸气。

现在，将 14.4 L 氢气和氧气的混合气体点燃并完全燃烧，最后的剩余气体是 11.2 L。问最初的混合气体中含有多少氢气？（答案有两种。）

提示

虽然本题和问题 64 的类型相同，但是这里数据稍大，一个个列出来不现实，我们就用坐标图来看混合气体中氢气与剩余气体的体积关系吧。完全燃烧时，氢气和剩余气体（水蒸气）的体积是多少呢？

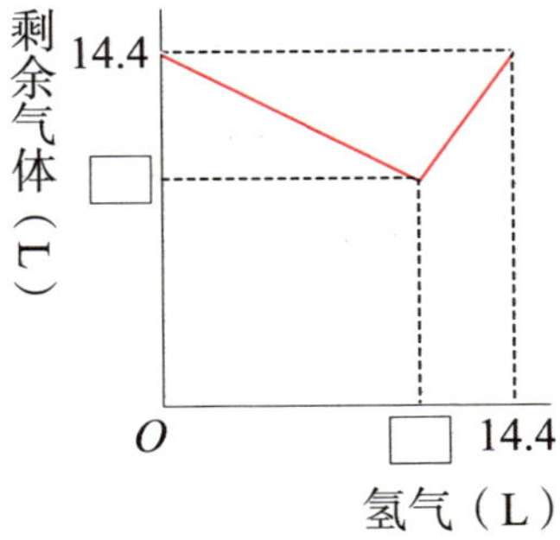

回答：

完全燃烧时的氢气和氧气的混合气体里，氧气的体积是

$$14.4 \div 3=4.8\ (\mathrm{L})\ (1\ 份),$$

氢气的体积是 9.6 L（2 份），剩余气体（水蒸气）的体积也是 9.6 L（2 份）。这时的剩余气体是最少的。

氢气为 0 L（只有氧气 14.4 L），或者氢气是 14.4 L 时都不会燃烧，气体会保持在 14.4 L。

当剩余气体为 11.2 L 时，如右图所示，

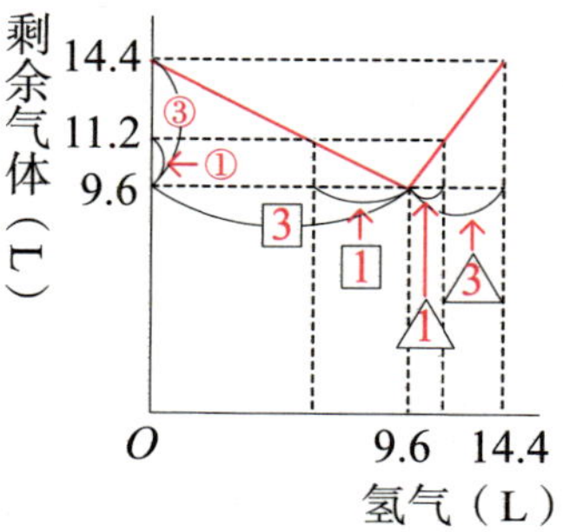

$$14.4-9.6=4.8\ (\mathrm{L}),$$

$$11.2-9.6=1.6\ (\mathrm{L}),$$

$$4.8 : 1.6=3 : 1.$$

由此可知，上图中左侧的大三角形与小三角形、右侧的大三角形与小三角形底边之比也分别为 3 ∶ 1。

$\boxed{3}=9.6$，$\boxed{1}=3.2$，$9.6-3.2=6.4\ (\mathrm{L})$，

$\triangle 3=14.4-9.6=4.8$，$\triangle 1=1.6$，

$9.6+1.6=11.2\ (\mathrm{L})$.

答案：6.4 L；11.2 L

问题 66

在盐酸中投入一小块铝，会冒小气泡，铝会融化。这些小气泡就是氢气，氢是盐酸的溶质氯化氢中所含的元素。

在 100 mL 一定浓度的盐酸中，依次放入多片 0.1 g 的小铝片，记录所产生的氢气的体积，如下表所示。请问，与 100 mL 盐酸完全反应的铝的最大质量是多少？

铝（g）	0.1	0.2	0.3	0.4	0.5	0.6
氢气（cm^3）	130	260	390	442	442	442

回答：

答案与解析 ▸ 问题 66

从表中可知，产生氢气的量的变化如下表所示。

铝（g）	0.1	0.2	0.3	0.4	0.5	0.6
氢气（cm^3）	130	260	390	442	442	442

+130　+130　+52　+0

将表中数据做成坐标图时，一定要注意避免犯如下所示的单纯连接两点的错误！

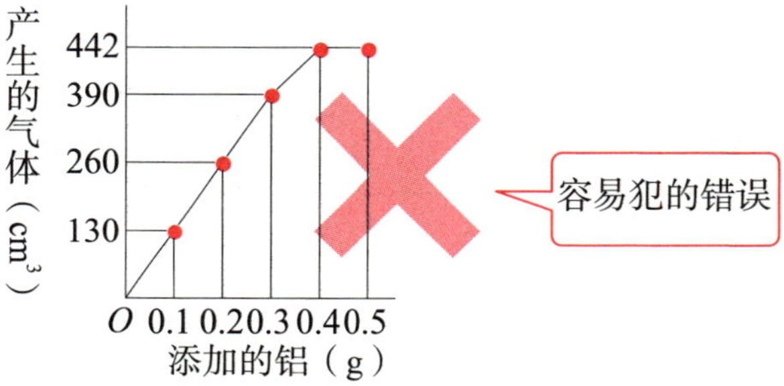

反应结束之前，气体应该是与反应铝成比例地产生的。因此，气体停止产生前，会是直线，气体停止产生之时，再折成水平线。

$$442 \div 130=3.4,$$

$$0.1 \times 3.4=0.34\text{（g）}.$$

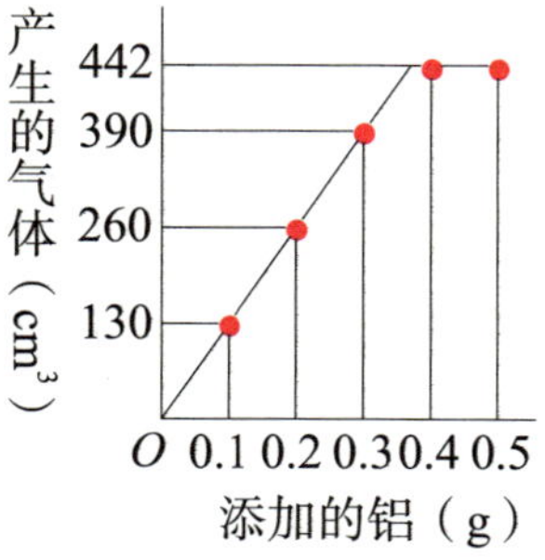

答案：0.34 g

问题 67

向盐酸中加入石灰石，石灰石会与其发生反应并产生二氧化碳。在一定浓度的 50 mL 盐酸中，逐次加入 1 g 石灰石，并将每次产生的二氧化碳的体积记录在下表中。问，能与 50 mL 的盐酸刚好完全反应的石灰石的质量是多少？

石灰石（g）	1	2	3	4	5	6
二氧化碳（cm^3）	234	468	702	936	936	936

回答：

答案与解析 ▶ 问题 67

这道题可能不用做坐标图，很多人也都懂的吧。看这个表的时候，注意点在表格里有没有 0，想想变化的规律是什么。

石灰石（g）	0	1	2	3	4	5	6
二氧化碳（cm^3）	0	234	468	702	936	936	936

+234 +234 +234 +234

盐酸中不加石灰石就不会产生二氧化碳，所以加石灰石 0 g 那一栏，二氧化碳也应该是 0 。到加入 4 g 石灰石时，每加入 1 g 石灰石就会多产生 234 cm^3 的二氧化碳，可见加入的石灰石和产生的二氧化碳是成正比的。画成坐标图，如下所示。

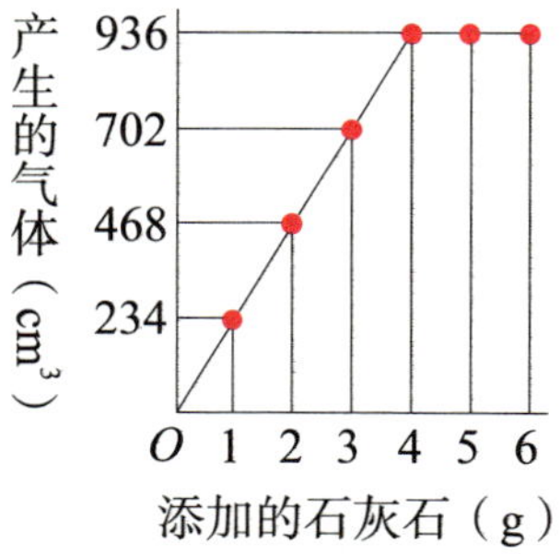

当添加至 4 g 石灰石之后，再加石灰石就不再继续产生气体了。

答案：4 g

问题 68

使用某装置，做制备氧气的实验。在锥形瓶中加入 1 g 二氧化锰，再加入不同量的一定浓度的过氧化氢溶液（双氧水），测量产生的氧气体积，数据如下表所示。问：当加入 120 mL 的双氧水时将产生多少氧气？

加入的过氧化氢的体积（mL）	10	20	30	40
产生的氧气的体积（cm^3）	120	240	360	480

回答：

答案与解析 ▶ 问题 68

过氧化氢溶液本身会分解成氧气和水，二氧化锰能加快它的分解速度而本身不变（充当催化剂）。也就是说，无论加入了多少二氧化锰，氧气的产生量都是由过氧化氢溶液的量决定的。氧气生成量的坐标图如下所示。

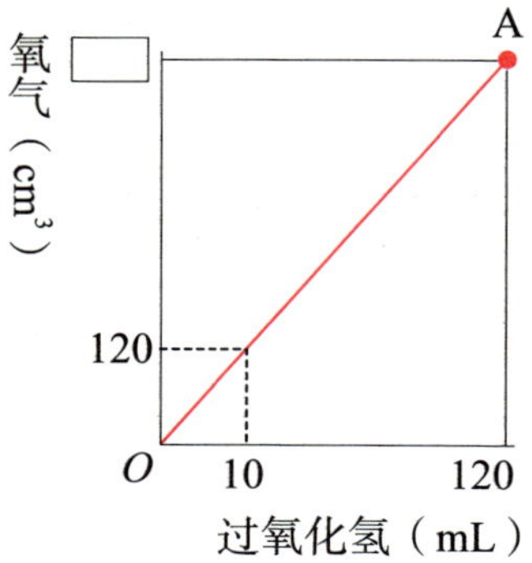

加入 120 mL 过氧化氢产生的氧气量是

$$120 \times 12=1440\ (cm^3).$$

答案：1440 cm^3

问题 69

石灰石与盐酸反应会产生二氧化碳。这是因为石灰石中含有一种叫作碳酸钙的物质，碳酸钙与盐酸反应就会产生二氧化碳。让不同质量的石灰石与一定浓度的盐酸反应，检测产生出的二氧化碳的质量，数据记录如下表。

请问：与 50 mL 的盐酸完全反应，需要消耗多少克石灰石？

石灰石（g）	1	2	3	4	5
盐酸（mL）	50	50	50	50	50
二氧化碳（g）	0.4	0.8	1.2	1.36	1.36

回答：

石灰石（g）	1	2	3	4	5
盐酸（mL）	50	50	50	50	50
二氧化碳（g）	0.4	0.8	1.2	1.36	1.36

+0.4　+0.4　+0.16

把产生的二氧化碳的质量变化标记在上表中。从数据可知，二氧化碳到 1.36 g 后就没有继续产生了。

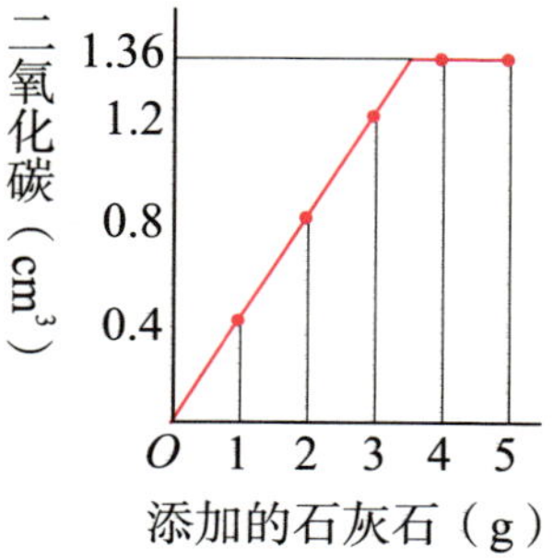

石灰石在添加到 3～4 g 时，就不再产生二氧化碳了。因为参与反应的盐酸用完了。那么，能让 50 mL 盐酸充分反应的石灰石，就可以计算出来了。

$$1.36 \div 0.4 = 3.4,$$

$$1 \times 3.4 = 3.4\ (g).$$

答案：3.4 g

问题 70

将 60 mL 一定浓度的盐酸与 40 mL 某氢氧化钠溶液混合，完全中和成中性溶液（盐溶液）。在中和反应中，产生的热量会使溶液升温。为了验证这一点，我们使用上述盐酸和氢氧化钠溶液，以各种比例混合，混合液均为 50 mL，并将温度变化记录在下表中。

盐酸（mL）	5	15	25	35	45
氢氧化钠溶液（mL）	45	35	25	15	5
温度（℃）	15.6	16.8		17.7	15.9

请问上表中空白栏里的数字是多少？

回答：

在所有 50 mL 盐酸和氢氧化钠溶液的混合溶液中，完全中和是在 30 mL 盐酸和 20 mL 氢氧化钠溶液的时候。

盐酸（mL）	5	15	25	35	45
氢氧化钠溶液(mL)	45	35	25	15	5
温度（℃）	15.6	16.8		17.7	15.9

+10 +1.2

从上表可知，当盐酸被中和 10 mL 时，温度上升 1.2℃，说明加入盐酸前的温度为

$$15.6-1.2\div 2=15.6-0.6=15\ (℃).$$

在完全中和点处，温度是

$$5+1.2\times 3=18.6\ (℃).$$

那么，表中空白栏里的数字应该是

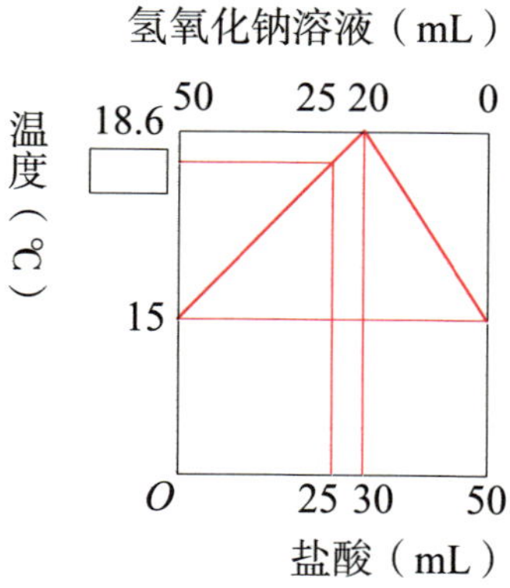

$$16.8+1.2=18\ (℃).$$

答案：18

问题 71

寒冷的冬季里，皮基先生买了如下图所示的金属瓶装的热腾腾的咖啡，“啪”的一声打开瓶盖，一口气喝干，还打了一个嗝。然后他拧紧瓶盖，将空瓶子放在桌子上。尽管一口气喝了一大瓶咖啡，皮基先生还是沉沉地睡着了。

第二天早上，喜欢理科的皮基先生看到瓶子瘪下去一块，心想“哈哈”。请问皮基先生心里想到的是什么？

提示

咖啡喝完之后，瓶子里充满的气体是空气吗？

回答：

答案与解析 ▸ 问题 71

如果这是一道脑筋急转弯，那答案就是“哈哈”，因为上面写着“心想‘哈哈’”啊。但这毕竟不是脑筋急转弯，所以我们要仔细思考一下。

皮基先生喝完瓶装咖啡打嗝的时候，瓶子内部的气体大部分是热咖啡喝完之后剩下的水蒸气。然后，瓶子的瓶盖又被拧紧。

因为是寒冷的冬天，夜间气温在不断下降，瓶子里的水蒸气（刚喝完时罐子里几乎全是水蒸气，没进太多空气）也不断地变成水，瓶子里的气压变低。

水蒸气液化为水后，体积会变成原来的$\frac{1}{1700}$左右。

因此，当罐子的某个部位无法承受大气压力的时候就会凹陷下去。

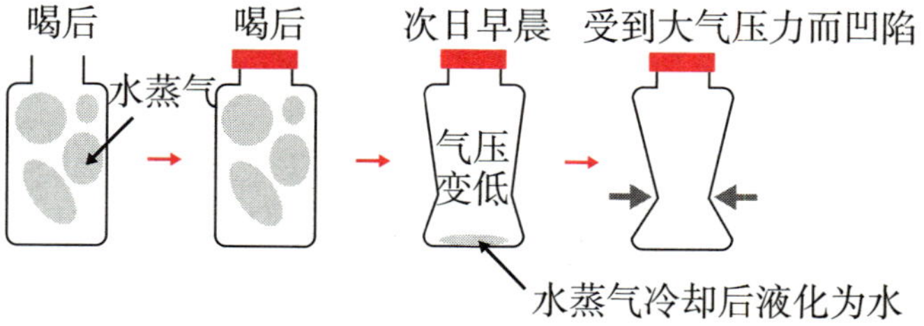

答案：因为瓶内气压低，经受不住大气压力而凹陷了。

结束语

感谢大家一直读到最后。感觉怎么样？

如果通过本书，大家不仅增加了知识，还喜欢上了理科，那我会非常开心。

本书是我和孩子们在理科课堂上的“解谜”汇编。

第一部分“知识问题篇”，都是一问一答式的知识点。对同学们来说，可以在解题的过程中理清思路，扩展自己的知识面，可以让你们更博学。

家长们不妨跟孩子们一起思考，也许会不时地回想起自己的学生时代呢——“啊啊，这个，我以前学到过的！”是不是也很有意思啊？

另外，对于在家里辅导孩子理科学习的家长，相信本书也一定能在辅导的过程中给予你帮助和启发。

第二部分“思考问题篇”中的习题，都是经过严格筛选的，它们都能激发大家的思考。其中，难度较高的，所谓的拔高题的数量有很多。

希望有更多的孩子在解决这些优质习题的过程中，感受到意外、触动、充满“想知道更多”的对知识的好奇心，并体会到解出难题时的大大的喜悦。

辻义夫